T. E. Lawrence
Tagebuch von drüben

T. E. Lawrence
Tagebuch von drüben

Erkenntnis, Läuterung und Entwicklung
nach dem Tode
Aufgezeichnet von Jane Sherwood

Ansata-Verlag
Paul A. Zemp
Rosenstraße 24
CH-3800 Interlaken
Schweiz
1989

Aus dem Englischen von Carmen-Sylvia Kremer

Titel der Originalausgabe:
Post-Mortem-Journal
Communications from T. E. Lawrence

Umschlagbild: Robert Wicki
Gesamtherstellung: Kösel, Kempten/Allgäu
ISBN 3-7157-0126-9

Inhalt

Einführung

Dieses Buch stellt die letzte Phase einer langen Reihe von Mitteilungen dar, die 1938 ihren Anfang nahm. Das automatische Schreiben bedeutete für mich ein Mittel, Informationen zu erhalten auf der lebenslangen Suche nach Licht für die verwirrenden Probleme unserer Existenz. Nur wenn wir unsere Augen vorsätzlich vor dem Geheimnisvollen, das unser Leben umgibt, verschließen, können diese Probleme ignoriert werden. Gönnen wir uns eine Stunde der Einsamkeit, eine innere Sammlung und Selbstbesinnung, dann können wir uns weit draußen an jenem verlassenen Gestade wiederfinden, das Keats meinte, als er schrieb:

> Dann – an den Küsten dieser weiten Welt –
> stehe ich und denke nach,
> bis Leidenschaft und Ruhm
> in nichts zusammenschrumpfen.

In der Tat sind unsere kleinen Lebensinseln umgeben von einem Ozean aus Geheimnissen – einem Meer, das auszuloten uns die Religion anheimstellt, das auszumessen die Philosophie versucht, das zu ignorieren die Wissenschaft beschlossen hat – aber auf welchem vielleicht jeder einzelne von uns sein einsames Boot zu Wasser lassen muß.

In den frühen Tagen meiner Arbeit bedienten sich drei Berichterstatter meiner Feder, und zu diesen gehörte «Scott». Er half mit, ein Bild nachtodlicher Bedingungen zu zeichnen und es mit unserem Dasein hier und jetzt in einen Zusammenhang zu bringen. Scotts Beiträge waren immer erkennbar an ihrer lebendigen und ausdrucksstarken Qualität und manchmal an der unbewußten Arroganz, mit welcher sie vorgebracht wurden. Sein Sinn für Humor durchstrahlte oft ernsthafte Gedankengänge und machte das Arbeiten mit ihm zu einem reinen Vergnügen. Ich bin dankbar für diese lange Verbindung mit einem scharfen und unorthodoxen Geist.

Nachdem wir 1959 diesen persönlichen Bericht über seine Erfahrungen, den wir auf seinen eigenen Vorschlag hin *Post-Mortem Journal* (Tagebuch von drüben) nannten, beendet hatten, stellte er seine Mitteilungen ein. Der Grund hierfür mag in der Natur der nachtodlichen Bedingungen und Verhältnisse, die er beschreibt, liegen oder auch in seiner eigenen Entwicklung zu einer Stufe, auf welcher die Kommunikation mit uns für ihn schwieriger geworden ist. Es ist auch möglich, daß die künstliche Verlangsamung seiner viel beweglicheren Ausdrucksmöglichkeiten und -fähigkeiten, die bei einer Kommunikation zeitlich mit unserem sehr viel träger fließenden Gedankenstrom zusammenfallen müssen, nunmehr unerträglich geworden ist. Es war niemals leicht für ihn; ich entsinne mich eines boshaften Gedankenbildes, welches er mir einmal von sich selbst übermittelte und in welchem er wütend im Kreis um mich herumlief und sogar Purzelbäume schlug in seiner Ungeduld über meine Langsamkeit.

Was immer auch seine Gründe sein mögen – dies ist erst einmal alles, was ich über sein weiteres Leben und Denken sagen kann.

Gegen die Arbeitsweise, bei vollem Bewußtsein mittels automatischen Schreibens Mitteilungen aufzuzeichnen, lassen sich viele Einwände erheben. Es kann abgetan werden als ein reiner Ausfluß des Unterbewußtseins, und tatsächlich – wo es degeneriert in schweifende Zusammenhanglosigkeiten und Phantastereien, dort erscheint diese Ansicht der Dinge gänzlich gerechtfertigt zu sein. Wir sind jedoch noch sehr weit entfernt von einem wirklichen Verständnis dieser Vorgänge und täten gut daran, ein Urteil über sie zurückzustellen, bis wir mehr über die menschliche Psyche und ihre Möglichkeiten, Wissen zu erlangen, gelernt haben. Kann es nicht möglich sein, daß es neben dem Freudschen Unbewußten – einer Art Sammelstelle unerwünschter Erinnerungen und Impulse – noch einen Teil der Psyche gibt, der sicherlich im Normalfall dem menschlichen Bewußtsein nicht zugänglich ist, jedoch einen Kanal darstellt, durch welchen spirituelles Wissen in unser Bewußtsein hindurchsickern kann? Ist es nicht durchaus denkbar, daß dieser höhere Bereich des Unbewußten, sobald er in Tätigkeit versetzt wird, benutzt werden kann von entkörperten Intelligenzen, um für uns wichtige Informationen an uns weiterzugeben?

Bevor wir kein tieferes Verständnis für die Kräfte und die Reichweite des menschlichen Bewußtseins aufzubringen imstande sind, kann unser einziges Kriterium die Qualität der Mitteilungen selber sein, und in unserem gegenwärtigen Geisteszustand der Ablehnung und Unwissenheit ist dies der alleinige Weg zur Beurteilung unserer Arbeit.

Das Rätsel von «Scotts» Identität ist nicht schwer zu lösen. Er ist Colonel T. E. Lawrence.* Er schrieb erstmalig durch mich im Jahre 1938, und von Anfang an benutzte er seinen eigenen Namen. Sobald sich jedoch die Frage einer Veröffentlichung erhob, forderte er mir das Versprechen ab, seinen Wunsch nach Anonymität zu respektieren. Ich gab ihm dieses Versprechen. Immer konnte ich an ihm eine ambivalente Haltung gegenüber seinem öffentlichen Image beobachten. Unzweifelhaft übte dieser Punkt einen starken Reiz auf ihn aus, und jede Bezugnahme auf seinen Namen in der Presse rief eine starke Erregung hervor, die mich, da sie in mein eigenes Bewußtsein reflektiert wurde, oftmals arg erschütterte. Geradeheraus empfundene Freude oder sogar ungeschminkte Verärgerung wäre leichter zu ertragen gewesen. Im Laufe der Zeit verminderte sich jedoch die Wucht dieser Reaktionen und verschwand schließlich fast ganz, so als ob er zuletzt seinem Ruhm gegenüber gleichgültig geworden wäre. Diese Veränderung dokumentierte ohne Zweifel sein Fortschreiten. Im Post-Mortem Journal hat er sich sehr wenig Mühe gegeben, seine Identität zu verbergen, und ich denke, wir können davon ausgehen, daß diese Angelegenheit nicht länger mehr von Bedeutung für ihn ist.

In diesem Bericht über sein Leben und seine neuen Bedingungen verwendet «Scott» Begriffe, welche von der Gruppe gebraucht wurden, als er sich an der Abfassung früherer Bücher beteiligte (*Die Brücke der Seele; Das Land im Jenseits*).

Diese Begriffe sind keineswegs ideal, und wir alle benutzten sie mit Zurückhaltung. Ein solches Wort wie «astral» beispielsweise bezeichnet nicht nur Seinsebenen, sondern auch die Beschaffenheit des Körpers, der den physischen Körper nach dem Tode ersetzt; solche Bezeichnungen sind brauchbar, jedoch auch sehr zweifelhaft. Vom Wortursprung her ist «astral» (von den Sternen) unzutreffend, und im alltäglichen Gebrauch ist der Begriff verdorben durch Assoziationen mit den weniger akzeptablen Praktiken der Séance-Zirkel. Aber irgendeine Bezeichnung muß nun einmal verwendet werden, und es ist für den Leser verwirrend, wenn er gezwungen wird, sich an eine Reihe ungeläufiger und willkürlich erdachter Ausdrücke zu gewöhnen. So wurden die traditionell geläufigen Begriffe beibehalten als das kleinere von zwei Übeln.

Was nun den Bericht über «Scotts» aktuelle Erfahrungen betrifft, fürchte ich, daß er von mir oftmals in viel konkreteren Ausdrücken niedergelegt worden ist, als es beabsichtigt war. Immerhin wurde seine Übertragung in unsere Worte durch einen Menschenverstand vorgenommen, welcher lediglich auf die Bedingungen der Erdsphäre abgestimmt ist. Unsere Sprache war niemals dafür vorgesehen, die Schattierungen und Feinheiten von Wahrheiten aus anderen Welten auch nur annähernd zu vermitteln, und die Schreiberin war sich der Inhalte nur allzu bewußt, die so oft «durch die Sprache hindurchfielen und sich verflüchtigten». Wenn das, was ich niedergeschrieben habe, hinter der Wirklichkeit und Realität zwangsläufig zurückbleibt, sollte der Leser wissen, daß die Wahrheit dahinter viel grandioser ist. Ich kann das Gefühl von Frustration und Verzweiflung nicht beschreiben, das ich über meine eigene Unzulänglichkeit empfinden mußte.

An diesem Punkt wird die Verläßlichkeit eines Mediums bedeutsam. Zur Unzulänglichkeit bekenne ich mich; aber ich kann und will mich für meine Ehrlichkeit verbürgen. Was ich empfangen habe, ist hier niedergelegt, und der Leser muß die Wahrscheinlichkeit dessen selbst auf den Prüfstand stellen.

Jane Sherwood

* Thomas Edward Lawrence, am 15. 8. 1988 in Wales geboren, war Archäologe und Sprachforscher. Als politischer Agent Englands und Vertrauter König Feisals von Saudi-Arabien wurde er zum Organisator des Araberaufstandes gegen die Türken (1916–1918) und zum Vorkämpfer der arabischen Unabhängigkeit. Da er in immer stärkeren Gegensatz zur englischen Orientpolitik geriet, schied er 1922 nach kurzer Tätigkeit aus dem britischen Kolonialamt aus. Er diente dann als einfacher Soldat bei der Luftwaffe. Er selber schrieb einige Bücher: *Die sieben Säulen der Weisheit, Aufstand in der Wüste, Unter dem Prägestock, Selbstbildnis in Briefen, Mosaik meines Lebens;* und einiges wurde über ihn geschrieben; u. a. R. Aldinger: *Der Fall T.E. Lawrence.* Seine Erlebnisse im Orient wurden verfilmt unter dem Titel: *Lawrence von Arabien.* 1935 kam er bei einem Motorradunfall ums Leben.

Kapitel 1
Ein Ende und ein Neubeginn

Ein alles zerschmetternder Schlag – Dunkelheit, zerrissen von Zwischenspielen hämmernder Todesangst, und schließlich – barmherziges Ende der Qual. Nichts.

Aus dieser Leere heraus schimmerte zuerst nur der bloße Hauch eines Selbstgewahrwerdens, verlor sich, kehrte zurück, sich allmählich in einen unbestimmten Eindruck von Da-Sein erweiternd; eine Empfindung – weder von Dunkelheit noch von Licht, ein unruhiges Grau, angefüllt mit steigender Bedrohlichkeit. Ich mußte bald versuchen, mich aus dieser starren Betäubung zu befreien, um herausfinden zu können, wo ich mich befand und was mit mir geschah in diesem öden Grau. Nach diesem kurzen Aufflackern verließ mich das Bewußtsein wieder, und ich schlief.

Es kam eine Zeit, da ich meine Angst nicht länger mehr verschlafen konnte. Das Gefühl der eigenen Identität wuchs stärker heran, und mit ihm entstand ein wirres Durcheinander von Emotionen – rasende, angstvolle Gedankenfetzen. Unwillig mußte ich erwachen in einer Welt ohne Formen, deren einziger Bewohner ich zu sein schien. Dennoch glaubte ich, Stimmen zu vernehmen, konnte aber keine Worte unterscheiden; ich spürte die pulsierende Bewegung in den Schatten, und erblickte niemanden. Auch nahm ich Wellen der Trauer wahr, die mich umbrandeten und darauf abzielten, mein schwaches Bewußtsein zu ertränken.

Ich wurde mir meines Körpers bewußt und fand mich auf meinen Füßen stehend, überrascht, wie leicht und frei die Bewegung meiner Glieder möglich war; die schattenhaften Hindernisse jedoch, die ich überall um mich herum fühlte, erfüllten mich mit Furcht, und ich mochte nicht weitergehen. Ich tappte in der Finsternis umher, einen Weg aus dem Jammer suchend, der mich einschloß. Wo war ich? Selbst wenn ich blind und taub geworden wäre, müßte doch sicherlich jemand in der Nähe sein, um mir zu helfen? Ich versuche zu rufen, erhalte jedoch keine Antwort. Was war geschehen?

Zuerst beschäftigte sich mein Geist ausschließlich mit meiner mißlichen Lage, und die Vergangenheit berührte mich nicht. Während meines Umherirrens blitzte nun plötzlich erst eine, dann bald eine andere Vision über meine geistige Netzhaut. Das Band einer Straße, Jungen auf Fahrrädern, mein Landhäuschen – und alsbald begannen sich diese einzelnen Erinnerungsfetzen zusammenzufügen zu einer fortlaufenden Reihe vergangener Ereignisse. Nicht lange, und ich raste zurück durch die Jahre, schneller und schneller, unfähig, dem Ablauf Einhalt zu gebieten und gezwungen, meine

Vergangenheit zu fühlen und zu durchleben, aufgerollt bis zurück zu den frühesten Kindheitserinnerungen. Dieser beunruhigende Rückblick hielt mich fest in seinem Bann; schließlich gelangte er zu einem Stillstand, und als der unbewußte Zustand des Säuglings erreicht war, verlöschte mein Bewußtsein. In diesem Augenblick des Vergessens atmete ich voller Erleichterung auf und hatte gerade noch Zeit zu denken: Dies ist nun wirklich das Ende.

Es war nicht das Ende. Nach einer langen oder kurzen Zwischenzeit – wie sollte ich das beurteilen können? – kam ich wieder zu mir, gelinde erstaunt, weil ich mit einer Fortsetzung meiner Existenz nicht gerechnet hatte und natürlich auch noch keinen Grund besaß, sie zu begrüßen. Die Dunkelheit hatte sich ein wenig gelichtet, und eine Welt verschwommener Umrisse erhob sich aus dem Nebel; Wiesen, dachte ich, Hecken und Bäume. Vielleicht waren die verwischten Konturen in der Ferne Häuser? Möglicherweise eine Stadt, Menschen? Auf keinen Fall wollte ich Menschen begegnen. Zum ersten Male bemerkte ich, daß ich nackt war, aber abgesehen von dieser Verlegenheit schrak ich vor meinen Artgenossen zurück und bevorzugte sogar die öde Verlassenheit meiner Umgebung. Aber während ich über die Stadt und über das, was sie wohl beinhalten könnte, nachdachte, fühlte ich mich in ihre Nähe gerückt und erhielt so meine erste Unterweisung über die Art, in welcher hier Bewegung durch Gedankenkraft gesteuert wird. Hartnäckig widerstand ich dem Zug stadtwärts und wandte mich ab, um das offene Land zu erforschen.

In der Zwischenzeit hatte die Helligkeit zugenommen, das Grau wurde lichter. Bald sah man den düsteren Ort getaucht in eine trübe November-Dämmerung, und ich konnte mich frei und ohne die Befürchtung bewegen, über Schemen zu stolpern und feststellen zu müssen, daß sie stofflicher Natur waren. Ich gelangte zu einer bequemen Bank und ruhte aus. Kälte war mir nicht bewußt, und ich vergaß meine Nacktheit. Während ich dasaß, wurde es mir langsam möglich, klarer über alles nachzudenken und Rückschlüsse aus meiner Situation zu ziehen. Die bekannte und vertraute Welt war versunken, und falls es sich hier um einen Alptraum handeln sollte, hatte ich schließlich nur mein Erwachen abzuwarten. Der verrückte Eindruck, dies könne der Tod sein, behauptete sich beharrlich in mir; was würde jedoch aus meiner Überzeugung, daß mit dem Tode alles zu Ende sei, wenn ich diesen Gedanken allen Ernstes zulassen wollte? Fest stand, daß ich existierte, lebte – wenn man diesen Zustand mit Leben bezeichnen konnte, und es wollte mir gerade eben erscheinen, als ob meine Umgebung mehr Festigkeit und ich selbst mehr Lebenskraft gewänne. So wurde jede Aussicht auf einen nur besonders hartnäckigen Alpdruck unwahrscheinlich.

Ich fühlte meinen Körper: festes Fleisch. Wie sonderbar! Ich versuchte zu sprechen, hervor kam jedoch nur ein geisterhaft erstickter Laut. Ich erhob mich, wanderte umher und bemerkte von neuem, wie leicht und elastisch sich meine Glieder bewegen ließen. Also – zurück zu meiner Bank und noch einmal nachdenken!

Angenommen – nur um des Argumentes willen –,

dies sei der Tod. Um welche Art Welt handelte es sich? Mit Grauen dachte ich an *Sheol*, den Ort der Schatten. Das war es, ganz klar. Hatte mich Charon bereits über den dunklen Fluß gerudert, und befand ich mich nun im verfluchten Hades? Falls dies stimmte, hatten die Griechen doch recht behalten, wie sie es ja fast immer taten. Es schien so, als seien meine Gedanken ebenso wie meine Umgebung von Schatten verdüstert: alles Sein und Leben reduziert auf ein Monochrom. Kein Geräusch, keine Bewegung, kein Licht, keine Freude – nur düstere Ergebung in dieses Zwielicht, diese halbierte Existenz. Drückende Mattigkeit überfiel mich. Da-Sein, Qual – Qual, Da-Sein. Wieviel besser wäre es gewesen, friedlich verlöscht zu sein!

Ich kann nicht beurteilen, wie lange diese lastende Erfahrung angedauert hat. Wochen? Monate? Ich lief umher. Ich saß. Ich experimentierte mit meinen neuen emotionalen Kräften. Ich begann sogar, wahrnehmbare Laute zu produzieren, und entweder gewöhnte ich mich an meine neuen Bedingungen, oder mein Blick schärfte sich: mein Sehvermögen klärte sich auf. Mehr noch: die Wolken aus Depression und Verzweiflung verzogen sich nach und nach aus meinem Gemüt, und ein Verlangen nach Tätigkeit begann sich zu rühren. Jedoch was tun in dieser Einöde?

Meine Gedanken kehrten zurück zu der Stadt, die ich gesehen hatte. Wenn ich mit diesem Dasein zurechtkommen wollte, mußte ich zuerst einiges mehr über seine Bedingungen herausfinden. Lange vorher schon hatte ich auf meinen Wanderungen den Schleier am Horizont aus den Augen verloren und befand mich in völliger Unkenntnis der einzuschlagenden Richtung. Da jedoch der Wunsch die Kraft besaß, mich zu leiten, wurden meine Schritte auf den richtigen Weg gelenkt, und alsbald erblickte ich direkt vor mir die Dächer und Schornsteine einer kleinen Stadt.

Das Bild, das sich mir beim Näherkommen bot, war so sehr gleich dem einer jeden beliebigen Stadt, die ich auf der Erde besucht haben könnte, daß mich der hartnäckig bestehende Gedanke, dies sei nicht die Erde, sondern das Land des Todes, zu verlassen begann. So gewöhnlich, so düster-erdhaft waren die Außenbezirke dieses Städtchens; ich passierte Reihen armseliger Häuser, Läden, sogar das übliche melancholische Kirchlein fehlte nicht. So gelangte ich zur Stadtmitte, die zu jedem englischen Marktflecken gehört haben könnte. Hier traf ich auf Menschen, die ihren Geschäften nachgingen. Man konnte sie nicht anziehend nennen, weder in ihren äußeren Erscheinungen noch in ihrem Gebaren. Sie nahmen keine besondere Notiz von meinem unbekleideten Zustand; als ich jedoch einen Laden bemerkte, in dessen Auslagen fertige Kleidungsstücke zu sehen waren, ging ich hinein, im Moment völlig vergessend, daß ich nicht über die nötigen Zahlungsmittel verfügte. Der Mann hinter dem Ladentisch grinste unfreundlich, deutete zu meinem Erstaunen jedoch einfach auf seinen Vorrat und sagte: «Bediene dich selbst.» Ich dachte, daß es besser sei, ohne Kommentar zu gehorchen; was in aller Welt hätte ich auch sagen sollen? Ich suchte mir einige passende helle Kleidungsstücke heraus und zog sie an, bedankte mich und machte mich davon. Er schien dies als ein absolut normales Verhalten zu akzeptieren, und verwundert ging ich meines Weges.

Ich beschloß, jemanden anzusprechen und um Auskünfte zu bitten, aber die vorbeieilenden Gesichter zeigten keinerlei Anzeichen von Freundlichkeit; also wanderte ich weiter, entmutigt durch meine Verlassenheit. Zwar konnte ich nun deutlich hören, ich konnte mich artikulieren, und mein Sehvermögen klärte sich. Ob es sich nun jedoch um einen Fehler in meiner Art, die Dinge wahrzunehmen, oder um ein Charakteristikum der Örtlichkeit handelte: alles war durchsetzt von der gleichen schmuddeligen Trübseligkeit, und Stadt und Leute waren von der gleichen Sorte: Frauen mit harten Gesichtszügen und schrillen, derben Stimmen und Männer, deren Gesichter von Brutalität und Gemeinheit gezeichnet waren, strömten aus den Häusern und vermischten sich unruhig in den Straßen.

Panik stieg langsam in mir hoch, und je stärker Verlorenheit und Furcht anwuchsen, um so bedrohlicher erschien meine Umgebung. Jetzt war mein einziger Gedanke, diesen Ort schnellstens zu verlassen, und sobald dieser Entschluß Form angenommen hatte, trugen mich meine Füße geschwind an den Stadtrand und fort von diesem düsteren Platz. Ich machte nicht eher halt, bis ich einen beträchtlichen Abstand zwischen mich und die letzten Häuser gelegt hatte; ich fand einen geeigneten Rastplatz und legte eine Pause ein.

Wieder empfand ich die Notwendigkeit zu begreifen, was mit mir geschah und – wenn irgend möglich – zu entdecken, wie diese sonderbaren Umstände zu einem vernünftigen Ende gebracht werden konnten. Zumindest über ein Prinzip war ich gestolpert, das wertvolle Konsequenzen haben konnte. Wenn ich genau wußte, was ich wollte, konnte mich mein eigenes Verlangen zu seiner Erfüllung führen. Selbstverständlich hatte ich nicht den Wunsch, die Bekanntschaft mit dem Ort und den Menschen, die ich soeben verlassen hatte, zu vertiefen. Es galt jedoch noch herauszufinden, ob nicht etwas Besseres zu entdecken sei.

Während ich noch dasaß und versuchte, mir über meinen nächsten Schritt klar zu werden, stieg ein bestimmtes Gefühl wie von etwas Anwesendem an meiner Seite in mir auf, obgleich ich, mich flink herumwendend, niemanden erblicken konnte. Immerhin empfand ich diese Anwesenheit als wohltuend, und bald vernahm ich den Klang von Worten, dicht an meinem Ohr.

«Brauchst du Hilfe?» fragte etwas.

«Die brauche ich allerdings», antwortete ich. «Warum kann ich dich nicht sehen?»

Mein neuer Freund erwiderte: «Du hast dich selbst in eine sehr unglückselige Region versetzt, und da ich sehen kann, daß du nicht hierher gehörst, würde ich dir gerne helfen. Wer bist du?»

Ich nannte ihm meinen Namen und registrierte mit Erleichterung, daß er ihm nichts sagte. Wenigstens konnte ich hier meine lästige Bekanntheit unter den Tisch fallen lassen.

Er fuhr fort: «Du mußt in einer elenden Gemütsverfassung gewesen sein, bevor du hierher kamst, und das hatte zur Folge, daß du in diesem Teil der Welt erwachtest. Wir müssen dich in eine glücklichere Verfassung bringen, bevor wir dir wesentlich weiterhelfen können.»

Während er sprach, konnte ich sehen, wie ein Lichtschein sich um uns ausbreitete, und ich lächelte freudig über diesen ersten hellen Schimmer, den ich in diesem trübseligen Hades zu Gesicht bekam.

«Das ist schon besser, komm», sagte er, und während er sprach, fühlte ich, wie Wärme und Ruhe mich überfluteten.

«Nun, wenn du kannst, komme mit mir», sagte er, und obwohl ich dachte, daß dies nicht so leicht sein dürfte, da ich ihn nach wie vor nicht sehen konnte, wurden meine Füße geführt, und ich schritt davon, mich immer in der Nähe des Lichtes und der Wärme seiner Gegenwart haltend.

Anfangs führte er mich schweigend durch eine immer heller werdende Landschaft und erklärte schließlich während unserer Wanderung, daß meinen sich neu entwickelnden Sinnen Zeit gegeben werden müsse, um sich dem neuen Lebensbereich anzupassen und daß diese neue Welt nur die Dinge für mich bereithielte, welche wahrzunehmen ich in der Lage sei.

«So war die düstere Stadt nur ein Spiegelbild meines eigenen Zustandes, oder ist sie ein wirklicher Ort?» fragte ich.

«Unglücklicherweise ist sie realistisch genug für jene, die nichts Besseres wünschen. Sie haben in sich noch nicht die Kraft entwickelt, in anderer Weise leben zu können», antwortete er. «Sie schaffen sich ihre eigene Atmosphäre durch die Ausstrahlungen ihrer eigenen scheußlichen Emotionen, und ich sehe, daß du sie unsympathisch genug empfunden hast, um ihnen schnell den Rücken zu kehren. Es sind keine sehr angenehmen Leute dort, und schon bald hätten sie deine Andersartigkeit gespürt, sie übelgenommen, und dann hätte es zu Schwierigkeiten kommen können. Nicht, daß sie dich in dem physischen Sinne hätten verletzen können, an den du denkst; es wären jedoch eine Menge nicht wünschenswerter Empfindungen freigesetzt worden, und du hättest unter ihnen gelitten. Es ist für uns eine schmerzvolle Erfahrung, auf gezieltes Übelwollen zu treffen, aber es wird dir leichterfallen, all dies zu verstehen, wenn du erst mehr über diese Welt wissen wirst.»

Ich erklärte, daß ich bereits entdeckt hätte, daß ein starkes Verlangen als wirksames Agens zum Zwecke der Fortbewegung genutzt werden könne und daß mir meine Furcht und Abneigung gegen den Ort behilflich waren, ihn verlassen zu können.

«Ich habe versucht herauszufinden, wie diese Kraft angewendet werden kann, um zu einem besseren Platz und angenehmeren Leuten zu gelangen, falls es solche gibt», sagte ich. «Die Schwierigkeit lag darin, daß ich nicht wissen konnte, daß noch irgend etwas anderes existierte, und der Gedanke an eine endlose Fortsetzung dieses Zustandes war entsetzlich. Dann plötzlich bemerkte ich, daß ich nicht allein war, und du kannst dir vorstellen, wie dankbar ich dir für deine Hilfe bin. Darf ich wissen, wer du bist?»

«Mein Name ist Mitchell», sagte er. «Ich hatte ursprünglich nicht vor, dir irgend etwas zu vermitteln, aber ich arbeite mit Neuankömmlingen und war gerade an Ort und Stelle, als du auftauchtest.»

Urplötzlich fühlte ich mich gehemmt und eingeschüchtert, und diese Veränderung mußte ihm aufgefallen sein, denn er sagte: «Laß das sein, um Gottes willen, oder ich kann nicht bleiben! Du mußt begreifen lernen, daß deine Gefühle um dich herum eine Atmosphäre schaffen, die deine Beziehungen zu denen, auf die du triffst, stark beeinflussen und verändern kann.»

Ich erschrak, und sein Licht wurde schwächer. Alarmiert rief ich nach ihm, er hörte mich und kehrte zurück.

«Ich denke, ich sollte besser nach jemandem suchen, den du gekannt hast und der dir helfen kann», sagte er. Ich aber schämte mich und bat ihn zu bleiben.

So setzten wir unseren Weg wieder gemeinsam fort, und er erklärte mir, daß mein gegenwärtiger Körper von einer derart lichten und empfänglichen Struktur sei, daß er jedes auftretende Gefühl durch seine Farben und Emanationen ausdrücke, so daß nicht der leiseste Stimmungswechsel verborgen bleiben könne.

«Langsam fange ich an, meine labile Gefühlslage zu verstehen», sagte ich. «Bitte, verzeih mir. Ich fühle mich überall rauh und stachelig, und alles berührt mich, als ob es physischer Art wäre. Ich weiß nicht, wie ich auf deine Freundlichkeit reagieren soll, und es ist mir völlig unklar, wie diese Gefühlswellen zu kontrollieren sind. Du mußt mich für einen höchst undankbaren Kerl halten», bemerkte ich.

«Nein», antwortete er. «Ich verstehe deine Probleme nur zu gut. Zuerst ist man völlig durcheinander. Aber je weniger du dich um die Reaktionen anderer Leute auf dich kümmerst, desto besser; desto glücklicher und behaglicher kannst du dich fühlen, desto leichter wird es sein für dich und für uns.»

«Das wird schwierig werden», wandte ich ein. «Ich besitze tatsächlich weniger Kontrolle über meine Gefühle, als ich es je für möglich hielt; ja, eigentlich lassen sie sich kaum bezähmen. Riesige Gefühlswogen werfen mich aus dem Gleichgewicht. Wie lange wird es dauern, bis ich einen ausgeglicheneren Zustand erreicht habe?»

«Wenn du erlaubst, werde ich dich in eine Art Sanatorium mitnehmen, in welchem ich arbeite», sagte er. «Dort wird man dir weiterhelfen und dir die richtigen Bedingungen für deine Gesundung schaffen.»

«All dies ist sehr verworren, ja sogar unangenehm», wagte ich einzuwerfen. «Es scheint dies nicht die mühelose Sorte Himmel zu sein, die man erwartet haben würde, wäre man nicht so beschränkt gewesen, gar nichts zu erwarten.»

«Ist es das, was du dachtest?» fragte Mitchell. «Diese Sicht erscheint nun tatsächlich sehr beschränkt, wie du schon sagtest. Aber es hilft bei der Erklärung deiner Schwierigkeiten, die du hattest, bevor ich dich fand.»

Als ich über diesen Ort nachdachte, zu dem er mich bringen wollte, fühlte ich einen Moment lang Widerstreben, und abermals erinnerte mich seine warnende Stimme, daß dieses Verhalten negative Auswirkungen auf ihn haben würde.

«Vertraue mir», sagte er, «und du wirst es nicht bereuen.»

Während wir vorwärtsschritten, hatte sich mein Sehvermögen verstärkt, und nun konnte ich meinen

Führer wahrnehmen. Er war groß und dunkel, mit tiefliegenden, gütigen Augen. Licht strömte in warmen Tönen von ihm aus und umfing und tröstete mich gleichzeitig. Ich beschloß, mich seiner Führerschaft und seinem Rat anzuvertrauen, da das Zutrauen in meine eigenen Fähigkeiten geschwunden war.

Ich hatte mich wiedergefunden in einer fremden Welt, bewegt von bedrängenden Gefühlen, über die ich nur wenig Gewalt besaß. Ich schwankte und zitterte in diesem unbekannten Territorium, ausgeliefert und voller Angst.

Kapitel 2
Frühe Erfahrungen und Experimente

Bis zum gegenwärtigen Zeitpunkt besaßen meine Erfahrungen traumhaften, zuzeiten beinahe alptraumhaften Charakter. Meine Umgebung war von unwirklicher Beschaffenheit, und in mir selber herrschte das Gefühl schattenhaften und wesenlosen Daseins. Noch vermißte ich die Schwere meines Erdenkörpers, wie ich vermute, obwohl ich es nun eigentlich hätte bedauern sollen, ihn herumschleppen zu müssen.

Trotz meiner neuen Leichtigkeit und schwerelosen Existenz werde ich nach wie vor geschüttelt von machtvollen Gefühlsorkanen, die ich fast unmöglich unter Kontrolle bringen kann. In einer ganz bestimmten Weise erlebe ich diese Gefühle mehr als äußere Ereignisse; ich selbst – mein wahres «Ich» – scheine mich tiefer in mein Inneres zurückgezogen zu haben, und ich empfinde diese Emotionen – obgleich mir zugehörig und sehr mächtig – nicht als die im Wesen verankerten inneren Gegebenheiten wie auf der Erde. Dieser neue Körper ist äußerst empfänglich für alle Eindrücke, die ihn treffen – viel zu sehr für mein Wohlbefinden in dieser Zeit. Es ist, als fahre man ein sehr schnelles und kraftvolles Auto, nachdem man zuvor nur an ein schwerfälliges Gefährt aus zweiter Hand gewöhnt war. Ich mag die Unsicherheit und Unzuverlässigkeit nicht, die dieser Zustand mit sich bringt, wenn ich auch zugeben muß, daß mich diese potentielle Kraft, die da zu meiner Verfügung steht, hin und wieder mit einer gewissen Freude erfüllt. Mehr als alles andere verabscheue ich die Vorstellung, daß diese Gefühlswogen, seien sie nun angenehmer Art oder nicht, jedermann, dem ich begegne, offenbar werden könnten.

Als ich Mitchell von diesen Eindrücken erzählte, erklärte er mir, daß mein neuer Körper, so fest er auch erscheine, nunmehr tatsächlich aus einem Material bestünde, das ich auf der Erde mit «Gefühl» bezeichnet hätte. Dieser «emotionale Stoff» befindet sich nun an der Außenfläche meines wahren Selbst und besitzt keinerlei physische Barriere mehr, um seine Wirkkraft abzumildern. Das löst die Angst vor dieser emotionalen Energie aus und vor der Unmöglichkeit, sie maskieren zu können.

Ich habe also nun meine Gefühle auszuleben, nicht zu verbergen, da dies nicht mehr länger möglich ist; ich muß lernen, sie zu kontrollieren und daran arbeiten, mich unangenehmer Emotionen ganz und gar zu entledigen. Mitchell warnte mich und sagte, daß zu Anfang harte Arbeit geleistet werden müsse, mit einiger Unterstützung würde ich jedoch bald wieder in Ordnung kommen.

Seine Ausführungen stürzten mich erneut in Schweigen und Verzweiflung. Ich kenne nur zu gut den Vulkan von Emotionen, den ich im Leben stets zu unterdrücken hatte, und nun wird mir alles Verdrängen nichts mehr nützen können. Als ob er meine Gedanken gelesen hätte, meinte Mitchell: «Verzweifle nicht. Millionen von Menschen mit weniger guten Anlagen haben es geschafft, und ich bin sicher, daß es auch dir möglich ist.»

War es nun, weil ich den Umfang der Arbeit, die vor mir lag, begriff oder etwas anderes – ich kann es nicht sagen; mich überkam plötzlich eine bleierne Müdigkeit. Mitchell riet mir, ihr nachzugeben und zu schlafen. Übergangslos umfing mich vollkommene Bewußtlosigkeit, und für einige Zeit wußte ich nichts mehr von mir.

Als ich erwachte, setzten wir unsere Reise fort, und schließlich gelangten wir zu einem freundlichen Gebäude und in einen hellen, offenen Raum, in dem andere Männer umherschlenderten und miteinander diskutierten. Mitchell war verschwunden, aber ein jugendlich aussehender Mann kam auf mich zu und begrüßte mich. Wir verglichen unsere Erfahrungen miteinander, und ich fand heraus, daß auch er ein Neuankömmling war. Unglückseligerweise erkannte er mich; mein Schrecken war jedoch so offensichtlich, daß er versprach, sein Wissen für sich zu behalten. Was ich jetzt dringend brauchte, war Zeit, um mehr über dieses Leben, über mich selbst und meine neue Aufmachung herauszufinden, bevor ich die Bürde meiner Identität wieder auf mich nehmen konnte. Ich hatte zu lernen, eine machtvolle Maschinerie zu beherrschen und zu bedienen, die mir noch so fremd war und leicht den Händen entgleiten konnte. So bat ich mir aus, eine Weile alleingelassen zu werden.

Ich habe beschlossen, meine Erfahrungen hier aufzuzeichnen. Bis jetzt gestalten sie sich so seltsam und bizarr, und die Zukunft verspricht noch eigenartiger und aufregender zu werden. So werde ich von Zeit zu Zeit meine Gedanken über diese komische Welt niederschreiben.

Mir wurde ein kleiner Raum zugewiesen, voller wunderhübscher Farben und Licht, und hier kann ich meiner ersehnten Einsamkeit sicher sein. Ich fühle, daß ein weiteres Gespräch mit Mitchell hilfreich sein könnte. Er strahlt eine bewährte Zuversicht aus, die mir Kraft und Mut spendet. Ich verlangte nach seiner Gegenwart, vergaß jedoch dabei, was ein starker Wunsch bewirken kann, und schon trugen mich meine Füße eilends aus meinem Zimmer hinaus, etliche Korridore hinunter und hinein in einen stillen Raum, in dem mein Freund saß und schrieb. Er drehte sich an seinem Tisch halb zu mir herum, ganz so, als hätte er mich erwartet und lachte, als er meine Überraschung sah.

«Du darfst nicht so gebieterisch mit deinen Wünschen umgehen, wenn du nicht die ganze Zeit über wie ein Brummkreisel herumwirbeln möchtest», sagte er.

Ich genoß mein erstes Gelächter auf eigene Kosten und erfreute mich an den funkelnden Farben, die unsere

Fröhlichkeit hervorrief. Ich spüre, daß das Gefühl von Unwirklichkeit langsam nachläßt, und Mitchell im besonderen nimmt einen wesentlichen Aspekt von Aktualität an.

Wir setzten uns nieder zu einem langen Gespräch, in dessen Verlauf er mir sehr nachdrücklich zu verstehen gab, daß er meine Vergangenheit kennen müsse, um in der Lage zu sein, mir wirksam zu helfen. Ich begreife nun, daß die gewohnte Zurückhaltung nicht länger mehr möglich ist und daß in diesem seltsamen Leben die einzige Chance zum Weiterkommen in der Akzeptanz dessen besteht, was einer ist und in dem Versuch, etwas daraus zu machen. Diese Schlußfolgerung bescherte mir fürs erste eine wohltuende Lösung meiner inneren Anspannung und ein Gefühl von Befreiung.

Er begann, in mir zu forschen, und alsbald hatte er die ganze Geschichte von Ehrgeiz, verwickelten Motiven, Erfolg und seinen Früchten vom Toten Meer aus mir herausgelockt. Noch während ich die Geschichte erzählte, war mir völlig klar, daß er hinter meinen Worten die verborgenen Empfindungen las und beides sah: das Mehr und das Weniger, über das zu sprechen bzw. nicht zu sprechen ich den Mut aufbrachte. In den alten Tagen wäre ich über diese Einmischung in mein Privatleben bitterböse gewesen, aber ich lerne rasch, daß ich unbequeme Aspekte meiner Persönlichkeit nicht länger mehr verbergen kann und daß ich, indem ich mich über ihre Aufdeckung ärgere, eine Atmosphäre um mich schaffe, die jedermann von mir fernhalten würde.

Glücklicherweise besitzt Mitchell ein großes Zartgefühl und nahm eine solch objektive Haltung an, daß ich seinen forschenden Blick gerade eben noch mit Gleichmut ertragen konnte.

Dann aber kam der Schreckschuß.

«Ich bin besorgt über all das, was du verdrängt und in dir unterdrückt hast, und ich denke nicht, daß wir ein vernünftiges Gleichgewicht erzielen werden, bevor du damit nicht fertiggeworden bist», sagte er.

«Du meinst...?» fragte ich.

«Du hast das Leben eines Mönches geführt, und mein Rat für dich besteht darin, hinauszugehen und mit allen Erfahrungen zu experimentieren, die du auf der Erde zu machen versäumt hast. Unternimm eine richtiggehende Orgientour. Und rede dir nicht ein, du seiest zu anspruchsvoll und möchtest es nicht. Tief in deinem Inneren möchtest du es und brauchst du es. Wenn du nicht einige dieser verbotenen Wünsche freisetzen kannst, wird die Summe aufgestauter und gefährlicher Emotionen ständig dein Gleichgewicht zerstören und dich in einen Zustand des Aufruhrs versetzen. Deshalb mein Rat für dich, das Sicherheitsventil zu öffnen. Es gibt viele Dinge, die dir klarmachen könnten, daß dieser Weg nicht unbedingt gar so widerwärtig sein muß.

Mein lieber Freund, ich rate nicht unverantwortlich, aber gegenwärtig bist du solch ein brodelnder Vulkan eruptiver Kräfte, daß du nicht in der Lage sein wirst, hier weiterzukommen. Wenn ich dich für diese Ebene in die richtige Verfassung bringen soll, mußt du es zufrieden sein, für eine Weile hinabsteigen zu müssen, um durch ein wirklich ausschweifendes Leben alles das auszugleichen, was du beschlossen hattest zu meiden.»

Diese Diagnose versetzte mir einen Schock und warf mich in einen schlimmeren Aufruhr denn je. Eine Zeitlang saß ich schweigend, und ich vermute, meine Erregung war zu stark, denn als ich wieder aufblickte, war mein Freund fort. Ich mußte mich an dieses plötzliche Kommen und Gehen gewöhnen, in dieser Situation jedoch war ich froh, allein zu sein. Nie habe ich mich ratloser gefühlt. Angenommen, ich erkläre mich damit einverstanden, mein Bestes zu tun, um mein Schlechtestes zu vollbringen; aber wie es anstellen?

Ich war in mein Zimmer zurückgekehrt, um über Mitchells Rat nachzudenken. Meine Erdmaßstäbe gelten hier offensichtlich nicht; alles geht drunter und drüber. Hier sitzt ein verantwortungsbewußter und ernsthafter Doktor, der mir seelenruhig nahelegt, zum Teufel zu gehen, und ich, ein mönchischer Einsiedler, überlege mir allen Ernstes, seinen Rat anzunehmen. Auch ich beginne einzusehen, daß der Vorschlag gut ist. Das gewaltsame Zurückdämmen von Gefühlskräften, die mir im Leben so zusetzten; die rastlose Aktivität, die Ungeduld, die Sehnsucht nach Geschwindigkeit – diese kräftemäßige Überbelastung ist nun zuviel für diesen zerbrechlicheren Körper. Ein wenig Aderlaß ist angezeigt. Aber nochmals: wie es anstellen?

Ich hatte das Gebäude verlassen, während mir diese Gedanken durch den Kopf gingen und erreichte nun die Spitze eines Hügels, von dem aus man eine weite Fläche glühenden und schönen Landes überblicken konnte.

Hier werde ich rasten und meine Situation überdenken. Es ist erregend und noch immer ziemlich beunruhigend zu wissen, daß ich nur etwas zu verlangen brauche, und schon werden meine Füße in die entsprechende Richtung in Bewegung gesetzt. Ich will versuchen, meine Wünsche auf einen Brennpunkt zu konzentrieren. Ich denke an Frauen, die ich gekannt habe; große, kleine, helle und dunkle. Ich versuche, mir dieses mögliche weibliche Wesen vorzustellen, aber meine Imagination besitzt keine Kraft. Diese ganze Idee ist zu ungewöhnlich, und ich bekomme sie nicht in den Griff. Das Feld der Wahl ist zu weit und unbestimmt. Ich habe mich selber an der Nase herumgeführt. Ich bin nicht in der Lage, eine von ihnen zu begehren.

Dies ist frustrierender als alles zuvor. Bedeutet das, ich bin derart mit mir selbst zerfallen, letztendlich handlungsunfähig, tatsächlich gefühlsmäßig impotent? Glücklicherweise bin ich allein, denn bei diesem Gedanken flackern heißer Groll und Scham auf, und die Entfaltung der feurigen, häßlichen Farben, die von mir ausgehen, ist nicht erfreulich. Ich warte, bis sich das Farbenspiel gelegt hat, und nun starte ich einen neuen Versuch.

Ein Mädchen, das ich einst gut kannte; werde ich sie herausfinden? Vielleicht hat sie schon Verbindungen angeknüpft, vielleicht – nein, ich kann darüber nicht nachdenken. Die Situation ist unmöglich, und ich weiß nun, daß ich Hilfe brauche und einen Gefährten in diesem Abenteuer. Also – zurück nach Hause.

Ich habe nicht die Absicht, all mein Zögern und meine Zweifel, auch nicht den harten Kampf mit meiner Schüchternheit und meinen lebenslangen Hemmungen im einzelnen zu schildern. Der Mönch und der Tugendbold in mir waren sehr mächtig, aber schließlich fand ich einen Kameraden, der gesonnen war, den gleichen Weg zu verfolgen, und er nahm mich mit in seine verschiedenen Schlupfwinkel und zu bestimmten Treffpunkten.

«Diese Mädchen hier», klärte er mich auf, «sind keine Prostituierten oder ähnliches; es sind Frauen, die während ihres irdischen Lebens keine sexuellen Erfahrungen machen konnten und nun diesen Mangel ausgleichen müssen, bevor sie weiterkommen können, genauso wie wir. So sitzen wir alle im selben Boot und haben die gleichen Startbedingungen. Du wirst einige nette Leute hier treffen.»

Viel von meinem Widerstreben war verschwunden, nachdem Mitchell mir die Unterschiede zwischen den sexuellen Beziehungen hier und denen auf der Erde erklärt hatte. Um sie verstehen zu können, ist es notwendig, sich zu erinnern, daß eine vollständige Veränderung der Körpersubstanz stattgefunden hat und die Basis sämtlicher Beziehungen rein emotionaler Natur ist. Man denkt nicht darüber nach, wie hübsch oder wie unattraktiv eine andere Person ist, sondern beurteilt sie ausschließlich nach der Beschaffenheit ihrer Aura oder Ausstrahlung. Wo eine Anziehung zwischen den Geschlechtern besteht, handelt es sich um ein reines Liebesempfinden, und es treibt die Menschen, sich gegenseitig anzuziehen und die Wärme und Schönheit, nach denen man verlangt, miteinander zu teilen. Lüsternheit als solche ist kaum möglich auf dieser Ebene. Wenn eine Vereinigung stattfindet, besteht sie aus einer Vermischung der beiden Körper und einem ekstatischen und befriedigenden Gefühl, das weitaus herrlicher ist als alles, was man in einem irdischen Körperkleid erfahren könnte. Hier gibt es keine Probleme mit der Zeugung von Kindern, so daß dieser Aspekt sexueller Verbindungen entfällt.

«Du weißt», sagte mein Freund, «daß du falsch gehandelt hast in deinem Bemühen, die Bedeutung der Sexualität zu bagatellisieren. Es ist eines der Grundprobleme, welches die meisten zu lösen haben, wenn sie hierherkommen. Wir müssen einen Körper handhaben können, der fest an seine Gefühlswelt gebunden und weit stärker aufgeladen ist als vorher. Es gibt andere Regionen, in denen man die Dinge genauso praktiziert wie auf der Erde, obgleich auch dort keine Kinder gezeugt werden. Ich kannte Menschen, die eine Zeitlang bei uns lebten, jedoch dermaßen von dieser Angelegenheit besessen waren, daß sie sich entschlossen, wieder zurückzukehren, weil es sie nach der gewohnten Art und Weise verlangte. Möglicherweise werden sie sie nach einer Weile als unbefriedigend empfinden und wieder zu uns zurückkommen, aber das müssen sie mit sich allein ausmachen.»

Wir gesellten uns einer großen, friedlichen Versammlung junger Leute bei und wurden willkommen geheißen. Gruppen formten und zerstreuten sich, und über allem hing eine Atmosphäre gespannter Erwartung und Erregung, die auf uns alle ihre Wirkung ausübte. Ich fand ein Mädchen, das mir gefiel und das gütig genug war, meine Gesellschaft zu akzeptieren, und wir waren beide froh darüber, unsere Kenntnisse gegenseitig ein wenig aufbessern zu können.

Sie war klein und schmächtig, leuchtend, noch verschleiert durch ihre Zaghaftigkeit. Wir gingen zusammen fort, vertieft im Vergleichen unserer Erdenleben, und alsbald fühlten wir uns wohl und geborgen beieinander. Ich war bezaubert von der Ungezwungenheit dieser weiblichen Kameradschaft: beide waren wir neugierig und erwartungsvoll; beide bekannten wir uns freimütig zu unseren Erfahrungsdefiziten und zu der Notwendigkeit einer Abhilfe; gemeinsam waren uns bis zu diesem Zeitpunkt große Schüchternheit und verschämte Berührungsangst.

Lange Zeit kehrte ich nicht nach Hause zurück. Wir beide wanderten glücklich durch ein Zauberland und kosteten die Freuden einer innigen Kameradschaft, gekrönt von der Magie der Vereinigung. Sie ist wunderhübsch; ihr Herz ist rein und unschuldig, voll flammender Glut, und zwischen uns flutet die glühende Wonne der Einheit. Ich bin berauscht von Glück, und eine Zeitlang habe ich alle meine Probleme und Schwierigkeiten vergessen.

Dann beginnen wir beide ohne Trauer den unvermeidlichen Rückzug zu fühlen, und wir haben uns eingestanden, daß keiner von uns mit einer fortdauernden Beziehung gerechnet hatte. Dies verursachte keine Enttäuschung, viel eher Dankbarkeit für eine vollkommene Erfahrung, die wir miteinander teilen durften.

Winifred erzählt mir, daß sie auf der Suche nach ihrem eigenen Mann sei, der älter war als sie und zu Anfang des Jahrhunderts starb. Sie vermutet, daß er bereits weiter fortgegangen sei und daß der einzige Weg, ihn zu finden, der ist, Fortschritte in ihrer eigenen

Entwicklung zu machen. So war unsere Idylle für sie ein Mittel zu diesem Zweck, und wir sind nun in der Lage, ohne Gefühle des Bedauerns auseinanderzugehen, aber mit großer Hochachtung und Zuneigung füreinander. Gesegnetes Mädchen! Ich danke meinen Sternen, daß ich sie treffen durfte, und ich weiß, daß der Tag nicht mehr fern ist, an welchem sie auf ihrem Weg weitergehen kann, um ihren Mann wiederzufinden.

So haben wir uns gegenseitig Lebewohl gesagt. Sie kehrt zu ihren Freunden zurück, und ich selbst finde mich wieder in dem einzigen Zuhause, das ich hier kenne. Mitchell ist hocherfreut über mein Vorwärtskommen, und wir haben lange über die Mittel und Wege gesprochen, die er für mich im Auge hat, um an meiner eigenen Klärung zu arbeiten. Ich habe es aufgegeben, mich über seine Einmischung in mein Privatleben zu ärgern. Eine solche Haltung wird durch die besonderen Bedingungen, unter denen wir hier leben, ausgeschlossen, und ich kenne Mitchell und vertraue der Zuneigung und Fürsorge, die sein Interesse an mir begleiten.

«Du hast eine deiner übelsten Hemmungen überwunden», sagte er zu mir. «Du kannst nun selbst spüren, wie diese Freisetzung von Energien die Spannung gemildert hat, unter der du lebtest. Ich denke, du wirst ebenfalls bemerken, daß sich der Angstfaktor, der ein Merkmal deiner Furcht vor dem Leben war, auch verringert hat.»

«Ich würde nicht gerade behaupten, daß ich es nicht genossen hätte», gab ich zu, «aber ich glaube immer noch, daß es mir unter den Bedingungen der Erde nach wie vor unmöglich wäre.»

«Das, fürchte ich, ist symptomatisch für ein anderes

deiner Probleme», fuhr er fort. «Wir haben nun an einer schweren Last von Mißtrauen und Empfindlichkeit deinen Artgenossen gegenüber zu arbeiten; sie bildet einen rabenschwarzen Mittelpunkt deines Wesens. Du mußt lernen, freier mit Menschen umgehen zu können und sie mehr zu mögen. Du wirst finden, daß dies hier einfacher ist als auf der Erde, weil du nur verwandte Seelen auf dieser Ebene triffst. Sie alle haben bereits einen vergleichbaren Entwicklungsstand erreicht.»

Einwände und Widerstreben stiegen in meinem Gemüt auf, so daß eine Kluft zwischen uns entstand gleich einem elektrischen Funken. Er aber lächelte mich verständnisvoll an.

«Jawohl», meinte er. «Dein großes Problem ist die Verachtung der Schwerfälligkeit und die Unduldsamkeit gegenüber allem Mittelmäßigen, und – bitte, verzeihe mir – ein wirklich greuliches Überlegenheitsgefühl gegenüber den meisten der netten und ordentlichen Leute, denen du hier begegnest. Sie können gar nicht umhin, deine Reaktion auf sie zu bemerken, und so halten sie sich von dir fern. Was sollen wir nun machen, um das in Ordnung zu bringen? Ich denke manchmal, du glaubst tatsächlich, daß du fähig sein müßtest, die großen menschlichen Geister der Vergangenheit aufsuchen zu können, die du dann eventuell als deinesgleichen achten könntest – aber, mein lieber Freund, du bist noch nicht reif dazu, in ihre Nähe zu gelangen. Schau dich an!»

Ich sah hin. Entweder erblickte ich mich selbst durch seine Augen hindurch oder in einer Art immateriellen Spiegels, aber was ich sah, war folgendes: Strahlen von scharfem, blauem Licht, die sich ihren Fluß aus dem Herzen einer dunkel wabernden, schmutzigen Farbe erkämpfen – ein Aufruhr bösartiger, trüber Schatten im Mittelpunkt, und als eine Erwiderung auf seine gnadenlose Kritik schossen wütende rote Pfeile aus dieser Mitte heraus. Es war kein erbaulicher Anblick.

«Du siehst», sagte er sanft, «dieses alles müssen wir klären, bevor du bereit bist, weiterzugehen.»

Der Schock schmetterte mich zu Boden. Mein Stolz und meine uneingestandene Arroganz zerbarsten. Ich erkannte mich selbst als wertloser als der letzte derjenigen, auf die ich herabgeschaut hatte, und sie mußten es genauso sicher bemerkt und gewußt haben wie ich selber. In dieser Krise focht ich einen meiner härtesten Kämpfe aus.

Eine ärgerliche Erwiderung unterdrückend, bat ich Mitchell, mir auch weiterhin zu helfen und erbarmungslos mit den Schwächen, die er noch in mir aufspüren sollte, zu verfahren. Eine mächtige Flut von Zuneigung, Wärme und Heilkraft strömte von ihm zu mir herüber, als er erwiderte:

«Ich danke dir, daß du es so aufnimmst. Ich wußte, du würdest stark genug sein, diese Behandlung ertragen zu können.»

Zum ersten Male fühlte ich mich geschlagen, nicht von irgend etwas Äußerlichem – das kann jedem passieren –, aber durch eine hautnahe Offenbarung von etwas in mir selbst. Ich erlebte mich reduziert auf einen Zustand hilfloser Reue, und mein Stolz stahl sich außer Sichtweite. Mitchell war klug und ließ mich allein, damit ich mich von diesem Tiefschlag erholen konnte.

Möglicherweise habe ich jetzt bereits ein wenig Gleichgewicht wiedergefunden, jedoch nur mit dem Nutzen, von meinem künstlichen Postament herabgeklettert zu sein und mich selbst schmerzhaft als das zu akzeptieren, was ich bin: ein Wirrwarr, eine Karikatur dessen, was ich hätte sein können.

Der Sturm hat sich ein bißchen gelegt, und aus dieser Demütigung ist ein eigentümliches Gefühl der Erleichterung entstanden. Ich fühle eine neue Würde und reinere Integrität als jemals zuvor. Vielleicht habe ich nun die Talsohle erreicht, und in diesem Gedanken liegen Ruhe und Frieden.

Zielstrebig reinigt und klärt Mitchell die Finsternis meines Inneren, eine Dunkelheit, die mir auf der Erde niemals bewußt war und welche die falsche Persönlichkeit, so langwierig und schmerzhaft während meines Erdendaseins aufgebaut, erst erschütterte und schließlich zerschlug. Aber all das ist ein langer und harter Prozeß, und während ich dies schreibe, ist er noch weit von seiner Vollendung entfernt. Auch muß meine geliebte, eigenbrötlerische Einsamkeit mit ihrem Überlegenheitsgefühl gegenüber menschlicher Gemeinschaft ausradiert werden. Zumindest sehe ich die Dinge nun, wie sie sind, obgleich es mich immer noch danach treibt, allein zu sein und ich mich nach gelegentlichen Zeiten der Stille und Einkehr sehne. Ich bin noch ein sehr junger und unerfahrener Rekrut in bezug auf diese Lebensweise, in der das Wesen nicht mehr geschützt wird durch die Trägheit eines physischen Körpers. Alle Erfahrungen hier werden gelebt bis ins innerste Mark des Seins, und in ihrer Schärfe und durchdringenden Realität liegen sie jenseits alles dessen, was an Gefühlen auf der Erde denkbar ist.

Meine Emotionen schütteln mich noch immer auf gefährliche Weise, und ich muß lernen, auch die emotionale Einwirkung anderer Wesen mit Gleichmut hinzunehmen. Ich bin vorsichtig geworden, was Ungeduld und Ärger betrifft; ihre Manifestationen sind zu abstoßend. Die leiseste Veränderung in der Gefühlswelt bewirkt einen korrespondierenden Wechsel in der Erscheinung ebenso wie im eigenen Wohlbefinden. Wenn nichts verborgen bleiben kann, werden menschliche Beziehungen zu einer hohen Kunst erforderlicher Selbstkontrolle und größerer Sympathie, als dies jemals auf der Erde notwendig ist, wo ihr Fehlen für gewöhnlich kaschiert werden kann durch konventionelle Redensarten oder Handlungen. Es läuft tatsächlich darauf hinaus, daß man sich in dieser Sphäre nicht eher sicher fühlen kann, bis man von allen verdrehten, negativen Emotionen gereinigt ist. Dann wird es möglich sein, ohne Angst und frei zu leben, weil man sicher ist, keine schädlichen Emanationen mehr hervorzubringen. Daher Mitchells drastische Therapie.

Ich sehe ein, daß diese Lebensweise, die jeden emotionalen Druck entblößt und Aufrichtigkeit und unbedingte Lauterkeit erfordert, ohne Übung nicht erfolgreich bewältigt werden kann. Während meines Erdendaseins hatte ich mich niemals übermäßig um die Kunst der Pflege mitmenschlicher Beziehungen gekümmert, um so mehr habe ich nun nachzuholen. Natürlich bin ich nicht der einzige: hier im Hause lernen wir vielfach alle dieselben Lektionen, und oft finde ich mich «auf dem Tiefpunkt meiner Form». Mitchell hat unendlich viel Geduld mit uns, wenn die Selbstbeherrschung ausrutscht und Ungeduld und Zorn aus uns herauszüngeln. Er weiß diese greulichen Ausstrahlungen in sein eigenes reines Wesen aufzunehmen und sie dort umzuwandeln. Wenn er sie uns mit gleicher Münze heimzahlen wollte, wäre die Vorstellung des folgenden Zustandes von uns allen nicht zu ertragen; ohne Zweifel entspräche er den Gegebenheiten der finsteren Stadt, an die ich mich aus guten Gründen nur zu deutlich erinnern kann.

Da Mitchell jedoch die Wellen unserer negativen Emotionen auf seine Weise annahm und transformierte, beschämte er uns und trieb uns an zu neuen Anstrengungen. Denn er leidet. Das feine Gewebe seines Körpers wird beschädigt und schmerzt, wenn er auch versucht, nicht zurückzuweichen, wenn unsere viehischen Reaktionen ihn versengen. Nach und nach lernen wir unsere Lektionen, und wenn die Kontrolle zu entgleiten droht, gehen wir allein unserer Wege, damit niemand anderer unsere Garstigkeit ertragen muß.

Wir hatten zu begreifen, daß ein Bleiben unter den anständigen Leuten dieser Ebene für uns nicht möglich ist, wenn es uns nicht gelingt, unsere üblen Empfindungen loszuwerden. Die Alternative wäre fortzugehen und sich in Bereichen niederzulassen, in denen die astralen Körper ihrer Bewohner von gewohnheitsmäßiger Zügellosigkeit im Ausleben von Wut und Haß verroht sind und ihre Atemluft verpestet ist von ihren leidenschaftlichen und dunklen Emanationen. Ich hatte bereits einen flüchtigen Eindruck derartig trüber Bedingungen erhalten und kann mir das Elend vorstellen, für wie lange Zeit auch immer dorthin verdammt zu sein.

Sowie sich mein eigener Zustand bessert, kehren Mut und Heiterkeit zurück, und gute Laune schimmert immer öfter auf. Ich fange an, die Qualität des Glückes zu erfahren, das hier möglich ist; gleißendes, hell funkelndes Leben, eine Reinheit und Süße, die ein erdgebundenes Bewußtsein niemals begreifen könnte. Alle Freuden und natürlich auch alle Leiden werden leidenschaftlicher empfunden; so wie Freude erstrahlen läßt, so kann Leid durchdringend sein wie ein Schwert. Es ist nicht einfach, die Balance zwischen diesen scharf kontrastierenden Gefühlen zu halten, und es gibt Rückfälle, wenn einer von uns vielleicht für eine Weile verschwindet, um im Alleinsein die Lösung eines persönlichen Problems zu finden oder um das Aufscheinen einer positiveren Einstellung abzuwarten. Aber allen Rückschlägen zum Trotz machen wir Fortschritte, und jeder Sieg bringt uns reicheres, vollständigeres Glück. Immerzu eröffnet das Leben neue Ausblicke freudevoller Erfahrungen. Die Gewißheit über das innewohnende Versprechen hilft uns über die rauheren Wegstrecken der Reise hinweg.

Kapitel 3
Saat und Ernte

Ein großes Maß an Leiden bewirken in unserem Kreis die Erinnerungen an unsere Vergangenheit, die regelmäßig wiederkehren, um uns an Fehler oder gar Verbrechen zu gemahnen. Es sieht so aus, daß das erdgebundene Bewußtsein den Gedanken an ein Fehlverhalten tolerieren kann und dafür Entschuldigungen ersinnt, die das Gewissen beruhigen; man kann lernen, ganz gut mit seinen Fehlern zu leben und sich damit zufriedengeben, seine Verbrechen zu bemänteln.

Hier jedoch sind wir gezwungen, die Dinge, die wir getan haben, in direkter Weise zu erfahren und nachzuempfinden; wir können nicht länger mehr den Standpunkt des Mannes ignorieren, dem wir Unrecht taten, und wir müssen hautnah an uns selbst erfahren, was er bei dieser Gelegenheit fühlte, so als ob wir selber die Erleidenden wären. Auf der Erde mangelt es hierzu den meisten von uns an Vorstellungskraft, sonst würden wir viele unserer blinden, skrupellosen Untaten gar nicht erst ausführen. Hier nun nimmt die Fähigkeit zur Imagination eine eindringlichere Form an; wir müssen im wahrsten Sinne des Wortes die Qualen des anderen erdulden. So ist eine unserer härtesten Aufgaben die, mit unseren eigenen vergangenen Missetaten ins reine zu kommen.

Mitchell erklärt mir, daß viele dieser alten Irrtümer uns keinerlei Nöte bereitet hätten, befänden wir uns auf einer niedrigeren Ebene, auf der die Ausstattung unserer Körper noch gröber und weniger empfindlich sei. Dort könnten wir die Erinnerung daran beinahe ebenso leicht ertragen wie auf der Erde. Bei uns jedoch können die viel sensibleren Körper, die so schnell von Emotionen erschüttert werden, den argen Schuldgefühlen und Gewissensqualen nicht standhalten, die diese Reminiszenzen hinterlassen.

Dies ist der langwierigste und kummervollste Teil unserer Weiterentwicklung. Wie vernünftig zu dem stehen, was wir in unserer Ignoranz und Herzenskälte verdarben; wie sich mit den Wunden aussöhnen, welche wir anderen zufügten und nun an uns selbst erfahren müssen? Das ist der neue Aspekt unserer Missetaten, dem wir ins Auge zu blicken haben: ich fügte einem anderen Leid zu – folglich habe ich nun seinen Kummer darüber zu durchleben. Das ist eine realistische Illustration der Solidarität in der gesamten Menschheit und ein Beweis dafür, daß jede Tat sowohl das Ganze als auch die einzelnen Teile in Mitleidenschaft zieht.

Ich selber werde im besonderen von einem Ereignis meiner Kriegsjahre gefoltert. Es bereitete mir schon damals unendlich viel Kummer, jetzt jedoch steht die Qual der Vergegenwärtigung, die ich erleide, im Verhältnis zu meinen intensiveren Gefühlskräften. Während des Guerillakrieges in der Wüste hielt ich es für meine Pflicht, einen Mann zu verurteilen, der durch sein Verhalten aller Wahrscheinlichkeit nach den Feldzug gefährdet hätte. Die Situation verlange – so dachte ich – daß, wenn ich das Urteil fällte, ich selbst es auch ausführen müsse. Und so – unter dem Vorwand militärischer Notwendigkeit – ermordete ich diesen Mann. Schlimmer noch, ich pfuschte bei der Tat und verlängerte auf diese Weise seine Qualen. Obgleich ich damals keinen anderen Weg sah, weiß ich heute, daß lediglich mein Mangel an Phantasie und Findigkeit für diese Tat verantwortlich gemacht werden kann. Nun habe ich alles das zu durchleben, was ich ihm damals antat; nicht allein die körperlichen Qualen – den unbedeutendsten Teil von alledem –, sondern vor allem seine Verzweiflung und Gewissensbisse und den schrecklichen Ausbruch von Stolz und Zuneigung zu mir, ausgelöst durch mein Urteil.

Mein erster überwältigender Impuls war der, ihn zu suchen und jede Wiedergutmachung zu leisten, derer ich fähig war, doch Mitchell hinderte mich daran und machte mir klar, daß auf diese Weise keine Lösung des Problems zu erreichen sei.

«Selbst wenn du ihn ausfindig machen und deinen eigenen gegenwärtigen Schmerz lindern könntest, würdest du doch das Vergangene nicht ungeschehen machen», sagte er. Ich seufzte und mußte ihm recht geben. Nach längerem Schweigen fuhr Mitchell fort: «Du hast dieses Leid verursacht, dessen Ausmaß du nun zum ersten Male erfaßt. Das ist dein Anteil an diesem Leiden. Da du stärkerer Gefühle fähig bist, kann dieser dein Anteil gut und gerne der größere sein. Kannst du dies als die Konsequenz einer fehlgeleiteten Folge von Ereignissen akzeptieren, die dieser Mann in einem bestimmten Augenblick deines Lebens auf der Erde in Gang gesetzt hat und von dir bis hin zu einer falschen Schlußfolgerung weitergeführt wurde? Nimm dieses Kreuz, diese Konsequenz, auf dich und trage es willig. Es ist deines – du hast es geschaffen.»

In diesem Augenblick meinte ich, es nicht tragen zu können, aber ich billigte Mitchells Argumente. Er ließ keinerlei Entschuldigung zu und empfahl kein Linderungsmittel. Er forderte mich auf, das volle Gewicht dieser Bürde auf mich zu nehmen, und gleichzeitig schenkte er mir Vertrauen in meine Fähigkeit, es zu tragen.

Dies erwies sich als wirksam. Nicht auf einmal, aber nach und nach konnte ich bemerken, wie meine Qual abnahm. Mitchell sagte zu mir: «Danke Gott, daß du keine schlimmeren Verbrechen begangen hast, mit denen du jetzt fertig werden müßtest. Denke einmal mit mitleidigem Herzen darüber nach, was die größeren Übeltäter erwartet. Selbst wenn sie durch ihre Untaten derart verroht sind, daß sie den Umgang, den sie pflegen, vorerst einmal ertragen können und dem Leben mit ihrer Schuld an bestimmten Orten standhalten, wird früher oder später der Prozeß der Läuterung einsetzen, und sie werden hierherkommen. Dann wird sie ihre Entwicklung unvermeidlich von Angesicht zu Angesicht mit ihren Verbrechen konfrontieren in der bekannten schmerzvollen Weise, der man nicht entrinnen kann. Wie steht es nun mit Gottes Gerechtigkeit?»

Die Unterwerfung unter diese Gerechtigkeit hat mir besonderen Frieden und Festigkeit geschenkt. Ich weiß nun, daß ein dunkler Fleck in meinem Wesen reingewaschen worden ist und die lauernden Gewissensbisse ausgemerzt sind. Ich habe durch die auf mich zurückgeworfenen Leiden erkannt, was ich damals tat; ich sehe mich selbst als den verbrecherischen Idioten, der fähig war, derartiges zu tun – und durch diese Demütigung habe ich eine wahrhaftigere Erkenntnis meiner selbst empfangen. Ich weiß nicht, wie ich die Erleichterung angemessen schildern soll, die Klarheit, die neue Vitalität, die dieser Läuterung folgten. Ich erkenne, was es heißt, auf einem Fundament aus Demut zu ruhen, herausgebrannt aus mir alle alten Ansprüche auf Überlegenheit, Klugheit und Weisheit.

Natürlich gibt es noch viele andere unglückselige Dinge in meiner Vergangenheit, die ich in der gleichen Weise erkennen, erleiden und annehmen muß. Jedes wird seinen eigenen Lohn vergeltenden Leides in sich tragen, jedes wird mich das Ausmaß meiner wahren Gestalt lehren und mich der Demut und dem Frieden näherbringen.

Wie Mitchell sagt, ist dieser Läuterungsprozeß die Entsprechung zur katholischen Doktrin des Fegefeuers, obgleich seine Züchtigungen gedanklicher und gefühlsmäßiger Natur und nicht physischer Art sind.

Aber noch empfinden wir Emotionen durchaus körperlich, so daß feurig-rote Kneifzangen oder ähnliches vielleicht gar keine so unpassenden Symbole darstellen.

Dieser ganze Vorgang spielt sich im Zusammenhang mit unserem täglichen Leben ab. Wir grämen uns nicht beständig wegen unserer Sünden, doch kehren die Erinnerungen an unsere Vergangenheit beharrlich immer wieder ins Bewußtsein zurück, und wir können ihnen nicht lange davonlaufen. Wir müssen sie in eine richtige Verbindung mit unserer Selbsteinschätzung bringen, durch eigenes Leiden Fehlverhalten sühnen und alle diese Erfahrungen in das neue Selbst integrieren, an dem wir beständig bauen. Dabei geht es um die Zerstörung des falschen Selbstbegriffes und um die Erkenntnis und Akzeptanz des wahren. Sobald alle Kerben geglättet sind, werden wir frei sein, um weiterzugehen.

Die Zeit vergeht, und nach der Zeitrechnung auf der Erde ist es erst einige Jahre her, seit ich hierherkam. Der ungehemmte Fluß unserer Zeit, frei von äußeren Gegebenheiten wie Tag und Nacht, Winter und Sommer, ist schwierig zu messen, aber ich weiß, daß der Prozeß der Läuterung ein langwieriger ist. Er kann nicht eilig abgetan oder fahrplanmäßig erledigt werden, weil das Material aus der Vergangenheit zu seiner eigenen Zeit an die Oberfläche des Bewußtseins tritt, und man kann nicht mit ihm arbeiten, bevor das geschieht. Ich werde hier bei Mitchell so lange bleiben, wie er mir rät, und tatsächlich drängt es mich auch nicht weiterzugehen, bevor ich nicht noch mehr Selbstkontrolle und Vertrauen erlangt habe. Freuden und Kümmernisse sind hier gleichgewichtig. Manchmal sind diese Wechselbäder von schwindelerregender Intensität, da beides von einer Eindringlichkeit ist, die ich hier nicht beschreiben kann, und der Sturz aus der Höhe in die Tiefe läßt das Gemüt bis in die Grundfesten erzittern. Mitchell aber versichert uns, daß alle Stürme vorübergehen werden und wir ein Gleichgewicht in einer tieferen und beständigeren Glückseligkeit erreichen würden, als es uns jetzt noch vorstellbar wäre. Wir schauen ihn an und wissen, daß er recht behalten wird.

Kapitel 4
Entdeckungen

Unser Leben hier ist sehr vielseitig, und trotz seiner neuen und fesselnden Aspekte erhalten die meisten von uns einen lebhaften Bezug zum irdischen Leben aufrecht. Es gibt flüchtige Blicke rückwärts, und in einigen Kreisen besteht ein großes Interesse an jenen nicht immer zuverlässigen Informationsquellen, die gewisse Leute bilden, die man Medien nennt.

Eine merkwürdige und möglicherweise wertvolle Erfahrung dieser Art kreuzte vor einiger Zeit meinen Weg. Ich wußte, daß einige meiner Freunde beabsichtigten, Kontakt mit der Erde aufzunehmen, und so ging ich eines Tages, von Neugierde getrieben, mit zahlreichen anderen zu einem Platz, wo sie ihrer Meinung nach mit einem Medium in Berührung kommen konnten. Es war dies keine der üblichen Vorkehrungen, die getroffen werden, wenn eine Person dieser Sphäre eine Verbindung mit einem Medium hergestellt hat, dessen physischen Organismus kontrolliert und durch diesen Kanal Mitteilungen zur und von der Erde passieren lassen kann. Derartige Arrangements sind unsererseits normalerweise gut organisiert und können einen gewissen Grad an Genauigkeit und Zuverlässigkeit garantieren.

In diesem ungewöhnlichen Falle jedoch hatte ein Bewußtsein im Schmerz einer emotionalen Sintflut irgendwie den Durchbruch zu einer Verbindung mit dieser Sphäre geschafft, und dieses Phänomen rief nicht wenig Neugierde hervor. Ich ging hin, um es mir anzuschauen.

Ich konnte beobachten, daß diese arme Seele in großer Bedrängnis war wegen ihrer Unkenntnis unserer Gegebenheiten und ihrer Unfähigkeit, den sporadischen Fragmenten, die sie erreichten, Vertrauen zu schenken. Wir hatten keine Ahnung, wieviele unserer Worte und Gedanken sie aufnahm, und sie besaß keinerlei Gewißheit, daß ihre Versuche, uns zu erreichen, Erfolg hatten. Ich wollte ihr gern helfen und überredete die anderen, mir für die Dauer der Angelegenheit die Arbeit zu überlassen. Nach endlos vielen, geduldigen Anläufen gelang es mir endlich, ihr erstmalig eine klare Botschaft zu übermitteln, und schließlich und endlich war sie davon überzeugt, es mit einer wirklichen Person zu tun zu haben. Ich teilte ihre Freude und Erleichterung darüber. Ohne Absicherung hatte sie ein risikoreiches Wagnis unternommen und bekam in dessen früheren Stadien unglücklicherweise gefährlichen Kontakt zu Wesen aus niederen Ebenen. Unsere frühen Versuche wurden oft durch deren Interventionen gestört, da das

Medium selbst nicht recht wußte, mit wem sie es im einzelnen denn nun zu tun hatte. Schritt für Schritt bekamen wir dann aber doch «die Leitung frei».

Wir entwickelten mehrere zuverlässige Wege der Kommunikation; beinahe zufällig stießen wir auf die Methode des automatischen Schreibens.

Eines Tages saß sie da mit ihrem Federhalter in der Hand. Ich sandte ihr einen eiligen Gedanken, den ihre Feder überraschenderweise umsetzte. Sie erzählte mir von ihren bereits Jahre dauernden Versuchen, mit automatischem Schreiben zu experimentieren, jedoch bisher ohne jeden Erfolg; für mich aber war es eine völlig neuartige Erfahrung, daß, sobald ich einen Gedanken niederschrieb, sie ihn getreulich auf ihrem Papier wiedergab, und nicht nur das: die Schrift war ein Faksimile meiner eigenen. Zeitweilig nahm sie auch meine Worte auf, wie ich sie aussprach, aber wir vertrauten beide eher der Schreibmethode und kehrten für gewöhnlich zu ihr zurück.

Ich erhielt flüchtige Eindrücke von meiner neuen Freundin, und bald hatte ich genauso viel über ihr Leben und ihre Interessen herausgefunden, wie sie über die meinigen. Manchmal bat ich um ihre Hilfe, denn es geschah von Zeit zu Zeit, daß in der Öffentlichkeit auf meinen Namen und meine Taten Bezug genommen wurde, und so konnte ich durch sie die seltsamen Blüten verfolgen, die mein irdischer Ruhm trieb. Sogar Bücher las sie mir hin und wieder vor, die Freunde auf der Erde geschrieben hatten, und durch ihre Augen erblickte ich von neuem die Aufzeichnungen von Feldzügen, von mir selbst verfaßt.

In meinen Kämpfen mit meiner Vergangenheit hatte all dies seinen Platz und war für mich von ungeheurem Wert. Unsere Freundschaft dauerte fort, und nach einiger Zeit schon hatte meine Medium-Freundin die Gelegenheit, mit ihrem Ehemann Verbindung aufzunehmen, nach dem sie bereits auf der Suche war, als ich zum ersten Male auf sie stieß. Er und ich arbeiteten im weiteren mit ihr zusammen und bildeten eine kleine Arbeitsgemeinschaft, um miteinander zu sprechen und zu schreiben. Sie steckte voller Fragen, nicht nur bezüglich unseres gegenwärtigen Lebens hier, sondern auch zu einem weitgesteckten System von Gedanken, das unsere Berichte aus der Himmelswelt nahelegten und das sie auf das irdische Leben zu übertragen versuchte. Natürlich knobelten wir auch über unlösbaren Problemen, aber wir hatten uns sehr in unser Gedankengebäude versponnen und spürten, daß wir einige wertvolle Beiträge zum besseren Verständnis unserer gemeinsamen Schwierigkeiten leisten konnten.

Oft waren wir mit unserer Weisheit am Ende; schließlich griff jedoch, wie zur Antwort auf unsere Verlegenheiten, ein Wesen aus einer höheren Ebene in unsere Diskussionen ein, das wir bald alle schätzten und dem wir vertrauen lernten, und schließlich waren es unserer drei, die wir mit unserem Medium arbeiteten und versuchten, das Wissen der Erde und der Himmelssphären in eine geeignete Form zu bringen.

Alles das fesselte mich sehr, und während ich meinen Anteil an Kenntnissen und Erfahrungen beisteuerte, fand ich Gemeinsamkeit und Verständnis, die mir halfen, mich in mein eigenes Schicksal zu fügen.

Zusätzlich zu dieser fortdauernden Beschäftigung beanspruchen nun auch noch andere Aktivitäten meine Zeit. Es ist mir gelungen, ein paar meiner alten Freunde wiederzufinden. So wie Mitchell mir geholfen hat, so bin ich nun auch meinerseits in der Lage, ihnen zu helfen, sich ihrer neuen Umgebung anzupassen. Da sind traurige Anlässe, bei denen ich mir eingestehen muß, daß meine Hilfe zur Zeit nutzlos ist und daß sie sich – allein auf sich selbst gestellt – ihren Weg aufwärts nach eigenem Zeitmaß und Rhythmus erarbeiten müssen. Ich habe gelernt, in jene trüben Regionen zurückzukehren, in die ich mich einst verloren hatte, und ab und zu kann ich einen verlassenen Wanderer an einen freundlicheren Ort geleiten. Nicht alle Seelen müssen diesen Hades durchqueren, wie ich es tat; viele sind besser vorbereitet und gelangen geradewegs ins Licht.

Es ist schwer für mich, diese niederen Bedingungen zu ertragen und leider ist mein Stehvermögen dort sehr kurzlebig. Wenn man in der reinen Luft und der Klarheit unserer Sphäre lebt, ist das Verweilen in dieser Finsternis und Trübsal härter denn je. Ich bin ein paarmal zurückgekehrt und konnte einigen Verirrten weiterhelfen, nun aber habe ich diese Aufgabe denen überlassen, die mehr Erfahrung auf diesem Gebiet haben und folge meinem wahren Interesse, der Fortsetzung meiner lebenslangen Verbundenheit mit den Arabern und ihrem Leben.

Auf dieser Ebene sind Nachbildungen der Erde zu finden mit allen ihren Völkern und Ländern, und wenn man seine wunderbaren Wunschkräfte einsetzt, ist man in der Lage, ganz nach seinem Willen zu reisen und zu forschen.

Ich möchte gern einige von denen aufspüren, die in jenen Wüstenfeldzügen mit mir gefochten, gelitten und ausgeharrt haben. Ich frage mich, wieviele meiner alten Kameraden in diesen Breiten anzutreffen sein werden, aber das muß so lange zurückstehen, bis ich das Terrain erkundet habe. Einer nach dem anderen kehren sie in mein Gedächtnis zurück, und ich sehne mich danach, sie zu sehen und zu wissen, daß mit ihnen alles in Ordnung ist. Also werde ich mich auf den Weg machen.

Ich wandte mich zur Küste, einer Küste, die in ihrem Charakter den rauhen Klippen Englands entsprach, und dortselbst schiffte ich mich ein. Jawohl, es gibt hier Schiffe ebenso wie Häuser und Städte. Das Reisen ist denkbar einfach; kein unglücklicher Zwischenfall kann den Reisenden aufhalten, und der richtige Kurs ist sichergestellt durch die genaue Zielvorstellung und die besonderen Wünsche der Seefahrer.

Unsere Fahrt war keine allzu langwierige Angelegenheit, wir machten nicht in jedem Hafen Station; so erreichten wir schon bald unser Ziel, und ich befand mich in einem Land, welches das exakte Gegenstück des irdischen Ägypten ist. Zwischen beiden bestehen jedoch augenfällige Unterschiede. Anstelle der Müßiggänger und Bettler, des Schmutzes und der scheußlichen Gerüche des Ostens meiner Erinnerung erblickt man hier ein sauberes und heiteres Land, aber auch eines, das nur sehr spärlich bevölkert ist. Ich bemerkte kein bekanntes Gesicht in dieser Gegend, doch alle, denen ich begegnete, schienen freundliche und glückliche Seelen zu sein. Die Slums und der Unrat der alten Städte sind verschwunden, aber auch die meisten ihrer Einwohner. Dies scheint ein Traumgebilde zu sein, und ich habe ihm den Rücken gekehrt und bin wieder draußen in der klaren, reinen Luft der Wüste.

Das Reisen zu Fuß ist hier keine Strapaze; man empfindet niemals Müdigkeit, und das Verlangen treibt mich rasch und sicher vorwärts. Die Wüste leuchtet in der alten Schönheit und Pracht der Erinnerung und noch viel strahlender, ihre Schrecknisse aber hat sie eingebüßt. Es ist unmöglich, in ihr verlorenzugehen, und Hunger und Durst können nicht länger mehr einen Menschen ins Verderben stürzen, da wir unbeschränkt ohne Essen und Trinken existieren können. Ich schwelge in dem reinen, kahlen Land und koste wieder einmal die Wüstenluft mit ihrer durchdringenden Klarheit und Frische. Wie wundervoll, frei zu sein auch von der Abhängigkeit von einem bärbeißigen Kamel, einem Zug von Gefolgsleuten und all dem ermüdenden Drum und Dran, das in den alten Tagen notwendig war, um uns am Leben zu erhalten.

Viele der seltsamen und romantischen Orte, die ich einst kannte, habe ich mir ins Gedächtnis zurückgerufen und hier ihre Gegenstücke gefunden. Größtenteils lagen sie einsam und verlassen. Die reine Leere und der Friede der Wüste scheinen über alle Spuren menschlichen Zugriffs hinweggestrichen zu sein und seine schmutzigen Male ausgelöscht zu haben. Das große Schweigen, die Einsamkeit halten über mich Gericht, und ich weiß, daß ich unwürdig bin und nicht bestehen kann.

Nur einer einzigen Menschenseele kann ich mich entsinnen, die dieser ehrfurchtgebietenden Klarheit gerecht werden könnte – ein umherwandernder, zerlumpter heiliger Mann, dem ich einst unter ähnlichen Umständen auf der Erde begegnete. Er besaß die Seele eines Kindes und eines Fanatikers; er war verrückt, oder aber so normal, andere zu beschämen, wenn sie ihn verrückt nannten. Er, dachte ich, würde sich hier zu Hause fühlen, wo ihm die Annäherung an die Vision des Unendlichen leichter fallen müßte, die ihn erfüllt hatte.

So dachte ich und hatte gerade eine felsige Anhöhe erklettert, als ich mich direkt über ihm stehend fand. Das hätte mich nicht überraschen sollen; meine Gedanken hatten mich zu ihm geführt. Seine Ausstrahlung erwärmte, durchdrang und durchstrahlte mich in einer Weise, daß ich mich ihm nicht weiter nähern konnte. Wir sprachen nicht; Worte wären Blasphemie an diesem Orte. Ein Leuchten aus Liebe und Verstehen flammte auf zwischen uns, und auch ich durfte das Tabernakel betreten, das Allerheiligste, wo er mit Gott zu Rate ging. Hauchdünn und so fein war die Luft auf seiner Bergspitze, daß ich sie nicht lange ertragen konnte. Schon bald verließ ich ihn, noch versunken in Anbetung, und ging meiner Wege.

Ich habe viele Orte besucht, habe einige wenige meiner alten Gefährten wiedergefunden und mit ihnen sprechen können. Jetzt, da die Wehrmauern teilweise niedergerissen sind, die für gewöhnlich die jammervolle Zitadelle meines Ich zu verteidigen hatten, wird der Umgang mit meinen Freunden zur reinen Freude; es ist ein Sich-Öffnen und Miteinander-Teilen, das bereichert und befriedigt. Selten sind Worte nötig; eine Art geistige und emotionale Gemeinschaft hat sie oftmals überflüssig werden lassen, und ein wunderbarer Strom menschlichen Vertrauens und Zuneigung fließt frei zwischen uns, die wir ja immer schon durch brüderliche Gefühle miteinander verbunden waren.

Wie gesagt, fand ich nur wenige. Die Spuren der meisten konnte ich nicht ausmachen. Sicher gehen sie auf eigenen Pfaden den Weg in die Höhe. Ich weiß nun inzwischen genug über die majestätische Ordnung und den ewigen Fortschritt, die das menschliche Dasein beherrschen, so daß ich diese Männer getrost den Händen ihres eigenen Schicksals überantworten kann. Es wird sie zur rechten Zeit unfehlbar in jene Bereiche tragen, die die Grenze ihrer möglichen Bestrebungen bilden.

Das Gespinst aus Anziehungskraft, in dem der Orient mich gefangenhält, ist stärker geflochten als jemals zuvor, und lange Zeit wanderte ich umher – Jahre vielleicht, da Zeit und Raum in unserer Welt verschiedene Qualitäten annehmen. Alle willkürlich festgesetzten und äußeren Maßstäbe haben keine Gültigkeit, der Zeitablauf und die räumliche Ausdehnung werden in direkter Beziehung zu den aktuellen Eindrücken empfunden. Worte können nicht schildern, was dieses für mich und meine Fortschritte in Wachstum und Läuterung bedeutete. Jenseits aller Sprache beginne ich zu begreifen, was mit Lebensfülle gemeint ist: Leben einer vitalen Qualität, sich ausdehnend, um die ganze Schöpfung in sich aufzunehmen und sie für gut zu befinden.

Schließlich kehrte ich wieder nach Hause zurück.

Während meiner langen Abwesenheit hat sich einiges hier verändert, und ich finde meine Welt in vielerlei Hinsicht verwandelt. Andere Leute leben im Hause, und nachdem ich Mitchell begrüßt und mit ihm gesprochen habe, mache ich mich zu meinem eigenen kleinen Häuschen davon und setze mich nieder, um ein wenig nachzudenken.

Ich fühle nun stärker in mir die Verpflichtung, die Lebensbedingungen hier intensiver als bisher zu studieren. Bis heute bin ich kreuz und quer in immer neue Situationen hineingestolpert und habe versucht, das Beste aus ihnen zu machen, durch praktische Erfahrung einiges über die Beschaffenheit und Kraft der menschlichen Psyche zu lernen und neue Aspekte der Erfahrungen zu realisieren. Nun habe ich das Bedürfnis, alle diese seltsamen Abenteuer in eine geeignete, neue Form zu bringen und zu versuchen, ein zusammenhängendes Ganzes aus ihnen zu bilden.

Seit meinem Dasein auf der Erde scheint bereits mehr als ein Menschenleben vergangen zu sein – jetzt ist es fern und unwirklich, seine bedrückenden Zwänge sind nur mehr ein böser Traum. Tag – Nacht, Kälte – Hitze, das zwangsläufige Gefühl von Hunger und Durst, das alles ist aus dem Leben verschwunden. Auch wir hier besitzen noch einen materiellen Aspekt des Daseins, jedoch ist er leichterer und luftigerer Natur; die harten Notwendigkeiten der äußeren Art sind abgemildert oder aber gar nicht vorhanden.

Alle diese Veränderungen zeitigen Folgen, die als

zwingende Notwendigkeiten irgendwann einmal bedeutsam werden.

Das Land, um dessen Eroberung es nun hauptsächlich geht, ist die innere Welt der Emotionen und des Geistes. Wenn möglich, vermeidet man vorher physisches Leiden, und – falls es unvermeidlich werden sollte – erträgt man es mit dem größtmöglichen Mut. Jetzt aber leiden Seele und Geist; das ist unumgänglich, und man hat sich diesem Leiden auszusetzen. Auch hier muß es mit Tapferkeit getragen und zu gegebener Zeit und mit Hilfestellungen kuriert werden. Wie auf der Erde auch lernt man sehr rasch, daß Feuer versengt, harte Gegenstände Schmerz bereiten und scharfe Geräte die Haut ritzen, und es gibt auch Grenzen, die menschlicher Stärke und Leidensfähigkeit gezogen sind. So muß hier eine ganze Reihe neuer Verhaltensmaßregeln gemeistert werden.

Tatsächlich existiert ein System moralischer Gesetzmäßigkeiten, das ebenso unbeugsam funktioniert wie der Gesetzesrahmen des physischen Bereiches für die Erde. Ich denke, daß man auf der Erde gerade erst damit begonnen hat zu vermuten, daß die Naturgesetze über die stoffliche Welt hinausreichen könnten, für uns jedoch gibt es in dieser Frage kein Vielleicht; es ist eine Sache täglicher Erfahrung geworden. Man tut in jedem Fall besser daran, diese Regeln zu kennen und zu befolgen, will man nicht verletzt werden.

Obwohl also das Gesetz von einer physischen auf eine moralische Basis umgestellt ist, arbeitet es noch nach physischen Mustern. Emotionen sind sichtbare und greifbare Realitäten, die einen guten oder schlechten Körper formen, gesund oder krank machen, jeweils korrespondierend mit dem Seelenzustand des betreffenden Menschen. Ist er düster und abstoßend, kann der Mensch ihn nicht verbergen, sondern muß sich in die Situation fügen. Gefühle, die auch der Stoff sind, der unsere Körper bildet, können als sehr reale Kräfte angewendet werden.

Der Körper ist in der Lage, sie mit beinahe tödlicher Wirkung auszusenden, und die Entladung von Haß, Wut oder Grausamkeit kann demjenigen, gegen den sie gerichtet ist, schlimmen Schaden zufügen. Hier besteht nun wirklich gar keine Notwendigkeit mehr, über derartige Dinge zu moralisieren; sie sind nicht länger mehr im Reich des Abstrakten angesiedelt, sondern offensichtliche und eindeutige Angriffe, für die Sühne geleistet werden muß.

Die Gesellschaft ist organisiert auf der Grundlage emotionaler Gesundheit; Zornmütige, Sadisten, die Gewalttäter und Neider sind gezwungen, ihr Leben gemeinsam an einem nur für sie bestimmten Ort zu fristen, da andere die von ihnen erzeugte Atmosphäre nicht ertragen, noch sie selber den feineren Bedingungen der höheren Sphären standhalten können. Die Heilung dieser Störungen erfolgt allmählich, und nach dieser Kur sind die Menschen bereit zum Aufstieg in bessere Bedingungen und werden auf höheren Seinsebenen zugelassen. Wenn man so will, haben wir eine Art Kastenwesen, jedoch eines, das auf fundamentaler geistiger Verwandtschaft basiert, und keinesfalls ein gußeisernes System, aus dem es kein Entrinnen gibt. Der Weg nach oben ist immer offen, und es gibt hilfreiche Hände, die jedermann beistehen und ermutigen, der ihn beschreiten möchte.

Ebenso wie auf der Erde befindet sich auch hier die Seele in einem ständigen Wachstumsprozeß, und sie beginnt, das Wesen des Menschen mit seltsamen und ungewohnten Wünschen und Sehnsüchten zu erfüllen, denn jetzt ist der sich entwickelnde Geist in seinem Wunschleib am Werke und erzeugt Unruhe und das Verlangen nach einer noch höheren Daseinsform. Die Fesseln der Zeit sind gesprengt, so daß die Periode, die wir für unser Wachstum benötigen, lang oder kurz sein kann. Diese Lebensspanne ist weder begrenzt durch irgendein «60 Jahre plus 10», noch setzt eine verfallende Physis der Entwicklung ein Ende, wie dies oft auf der Erde der Fall ist. Meine Zeit gehört mir allein, und ich kann soviel davon bekommen, wie ich brauche – ein weiteres Indiz für die Lösung der Spannung und die erleichterten Bedingungen.

Ich konnte bei zahlreichen Gelegenheiten feststellen, daß sich die Form der Kommunikation hier nicht nur auf die Äußerung von Worten beschränkt. Man braucht seine Gefühle für einen anderen nicht in Worte zu kleiden. Sie sind immerzu offenbar in der prompten Reaktion des anderen Körpers, und es ist unmöglich, sie nicht richtig zu deuten. Wo Zuneigung und Vertrauen bestehen, wird ein Ausströmen von Wärme und Licht zu registrieren sein; wird eine höfliche Gleichgültigkeit empfunden, wenn man zum Beispiel einem Fremden begegnet, bleibt die Farbe der Aura unverändert und unberührt durch das Zusammentreffen; Abneigung oder Verachtung können nicht verborgen bleiben – sie strömen in Wellen einer verworrenen, schmutzig-trüben Farbe aus, die unangenehm anzusehen ist und auf den empfindlichen Körpern sehr schmerzvoll empfunden wird. Auf diese Weise sind spontane Gefühle ganz und gar offenkundig und bedürfen keiner Worte.

Die Übermittlung von Inhalten bezieht nicht nur allein den Emotionalkörper mit ein, sondern auch den bis jetzt nur unvollkommen ausgebildeten Spiritualkörper. Wo Geistesverwandtschaft und enge emotionale Bindung bestehen, werden Inhalte oft zwischen Freunden ohne die schwerfällige Zuhilfenahme von Worten übermittelt. Sie «springen über» und sind augenblicklich und so vollständig erfaßt, wie sie es niemals sein könnten, würde man sie in einer Wortschablone passend zurechtstutzen.

Worte sind für alltägliche und triviale Zwecke höchst brauchbar, und sie werden auch weiterhin verwendet, wo immer es nötig ist. Wir sind nur teilweise unabhängig von der Sprache, aber doch genug, um uns das Künstliche der Sprachbarrieren zu verdeutlichen. Wenn du die Empfindungen und Gefühle eines Mannes einer fremden Rasse weitaus klarer *sehen* kannst als seine Hautfarbe, und du erkennst ihn daran als einen freundlichen und aufgeschlossenen Menschen; wenn du ebenfalls in der Lage bist, Gedanken mit ihm auszutauschen, um die Verwandtschaft der Geister zu prüfen, dann ist die Begrenzung durch die Sprache aufgehoben und besiegt, und fatale Mißverständnisse, die oftmals die Anlässe zu nutzlosen Wortgefechten bilden, können vermieden werden.

Ich schäme mich heute, wenn ich an die großen

Schwierigkeiten zurückdenke, die ich auf der Erde mit meinen Beziehungen zu Menschen hatte, die mir damals minderwertig erschienen. Ich kultivierte eine wählerische Einstellung, die es mir gestattete, diese Leute als Menschen geringerer Qualität abzutun. Eines meiner Probleme hier war es, diese Haltung zu korrigieren. Meine frühen Erfahrungen in der Stadt der Dämmerung haben mich mit solchen Männern und Frauen in Berührung gebracht, und ich schrak voller Entsetzen vor jedem Kontakt mit ihnen zurück. Nun aber lerne ich, daß sie alle sich auf ihrem Weg zur Höhe befinden und eines Tages dort stehen werden, wo ich jetzt stehe, und daß sie ihre Vergehen und Irrtümer – leider – mit dem entsprechenden Maß an Leid werden bezahlen müssen.

Die Berichtigung meines eigenen Stellenwertes in der Skala der Dinge hat mir glücklicherweise auch einen neuen Maßstab beschert. Ich sehe nun, daß ich wie Shakespeares Träumer «ein König war des unendlichen Raumes», aber: «Erwache, nichts dergleichen!» Aus jedem Vorteil, erwachsen aus Bildung und Erziehung, zog ich soviel Übles, Krankhaftes und Irriges und mußte durch soviel Qual und Scham hindurch von all dem wieder kuriert werden, daß ich nun nichts mehr in meinem Herzen fühlen kann als Reue und Respekt vor diesen anderen. Die Hierarchie meiner menschlichen Wertmaßstäbe benötigte dringend eine Korrektur: anstelle des unvollkommenen Urteilsvermögens der Erde, wo das Aufrechnen von diesem oder jenem lediglich zu willkürlichen und oberflächlichen Folgerungen führen kann, sieht man hier den Menschen deutlich und in der Gesamtheit seines Wesens.

Mein Freund Mitchell ist einer der feinsten Leute, die ich hier kenne. Er ist rein, klar, beherrscht und schön. Eines Tages jedoch zeigte er mir einen Mann, der dazu ausersehen ist, einmal sein Meister zu werden. Mitchell führte mich hinunter in eine trübe Region, wo er – wie er sagte – meine Hilfe benötigte. Dort fanden wir einen Mann – verloren, so wie ich einst war. Sein Wesen glühte voller Kraft und strahlte leuchtend blaue und purpurne Wellen aus, die Farben einer hohen spirituellen Entwicklungsstufe, aber er war umgeben von einer dichten Wolke aus Zorn und Verzweiflung, und in seinem Herzen saß ein harter, schwarzer und bösartiger Kern. Es war sehr schwierig für uns, ihm nahezukommen; zweimal trieb er uns fort, und seine Emanationen drohten uns zu ersticken. Voller Verachtung wies er unsere Hilfe von sich.

Später erzählte mir Mitchell, er sei eine große, wenn auch irrende Seele, neben der ein jeder von uns sich klein und unbedeutend ausnehmen werde, sobald sie einmal von ihren Übeln und Schwächen geheilt sein wird. Dieser Mann fasziniert mich, und ich werde seinen Weg verfolgen. Er besaß auf Erden weder Ruhm noch Geltung; er hätte einer jener sein können, die ich verachtet habe; seinen Anlagen gemäß jedoch ist er einer der ganz Großen.

Die allgemeine Werteskala ist nicht auf gegenwärtige Zustände bezogen, sondern auf das, was sein kann; das Kriterium ist nunmehr nicht, was einer ist, sondern was er fähig ist zu werden. Wert und Größe können aus diesem Grunde auch bei den Unglückseligsten und scheinbar Übelsten unter den Menschen angenommen werden.

Auch muß ich meine Einstellung Frauen im allgemeinen gegenüber revidieren, da ich hier nun erst erkenne, über welch wundervolle Eigenschaften sie oft verfügen wie Liebe und Mitgefühl. Eine Offenbarung sind für mich auch ihre stille Kraft und ihr geduldiges Beharrungsvermögen. Vermutlich habe ich mich auf der Erde stets geweigert, dies zu bemerken und habe es vorgezogen, ihre Eitelkeit und Nutzlosigkeit in den Vordergrund zu rücken. Hier sind das lediglich winzigkleine Untugenden: Sie trüben kaum die Liebesschwingungen, die so manch einer einfachen Frauenseele entströmen.

Tatsächlich ist oftmals die große Dame weit weniger begünstigt als ihre ärmere Schwester, da wirkliche Werte große Gleichmacher sind. Der ganze Unsinn über soziale Stufenleitern hat hier keine Gültigkeit mehr, weil wir jedermanns wahre Natur wahrnehmen und erkennen können, daß gesellschaftliche Stellung herzlich wenig damit zu tun hat. Es ist eine Tatsache, daß Königin und Bäuerin manchmal – wenn nicht sogar immer – die Plätze tauschen müssen. Wie geschickt kaschieren auf der Erde oft gutes Aussehen und gesellschaftlicher Status eine jämmerliche und dürre Seele! Ich weiß jetzt, daß ohne Zweifel gewisse Überzeugungen viele große Überraschungen erleben und bereiten können.

Die regulierenden Faktoren, die auf der Erde innerhalb der menschlichen Gesellschaft in zunehmendem Maße am Werke sind, haben auf den ersten Blick den

Anschein einer Reflexion dieses Prozesses. Doch es besteht ein wesentlicher Unterschied, der die Fehlentwicklung auf dem Planeten deutlich macht. Tatsache ist, daß der hierarchische Aufbau in umgekehrtem Sinne besteht und daß die eine oder andere Stufe ein Monopol aller Tugenden für sich reklamieren kann. Hier bei uns verläuft die gesellschaftliche Schichtung vertikal durch die bestehenden Ordnungen hindurch, und daher kann unser «Adel» mit gleicher Wahrscheinlichkeit aus allen sozialen Bereichen stammen.

Die bestimmten «Klassen», in die wir eingeteilt sind, werden voneinander getrennt durch Zwischenebenen, da alles hier sich dem Obersten Gesetz der Geistesverwandtschaft unterzuordnen hat. Nah und fern bedeuten Gleichartigkeit oder Unterschied in der Entwicklung, und es besteht eine zwingende Ordnung bezüglich der Zusammenstellung von Gruppierungen gleichartigen Niveaus. Jede Gruppe schafft sich ihre eigenen Bedingungen, und diese sind auf Lebenszeit die einzigen, unter denen ihre Mitglieder ohne Schwierigkeiten existieren können. Was immer auch unsere persönliche Ebene sein mag: Von ihr herabzusteigen bewirkt heftiges Unbehagen und sogar Leiden; aufzusteigen, bevor man dazu bereit ist, bedeutet eine Atmosphäre, die zu verfeinert und ein Licht, das zu durchdringend ist, um es ertragen zu können. So muß jeder den ihm gemäßen Ort aufsuchen und dort verweilen, bis die Entwicklung ihm hinaufhilft in eine höhere Seinsebene.

Kapitel 5
Abenteuer in der Welt der Gedanken

Ich beginne allmählich, eine erweiterte Vorstellung von dem gesamten Entwicklungsprozeß zu bekommen, durch den die Menschheit sich ihrer Vervollkommnung nach und nach annähert. Er ist ein ungeheures, langsames Fortschreiten, und lange Zeit konnte ich von ihm lediglich nur einen kleinen Ausschnitt wahrnehmen. Die Erweiterung des Bewußtseins vollzieht sich stufenweise und unaufhaltsam, während sich der eigentliche «Erlösungsplan» Schritt für Schritt enthüllt. Sie nimmt ihren Anfang mit der Überzeugung, daß alles Leben tatsächlich unzerstörbar ist, gefolgt von der harten Erfahrung, daß jede Seele unvermeidlich den ihr gebührenden Platz zugewiesen erhält, und schließlich erkennt man, daß kein Mensch ewiger Verdammnis anheimfällt, wie weit immer er auch im Bösen verhaftet sein mag, sondern daß er sich durch ehrliches Bemühen und Leiden von seinen Makeln befreien kann, um zu den ich feststellen, daß bei diesem Vorgang nichts zufällig geschieht, sondern daß er strengen Regeln folgt. Wie zu erwarten, ist auch hier wieder die Verwandtschaft der Geister von grundsätzlicher Bedeutung. Man kann nur erwarten, mit solchen Geistern in Verbindung zu treten, mit denen diese Gleichartigkeit besteht oder bestehen könnte, eine Beziehung verwandter Elemente, wenn auch manchmal auf verschiedenen Entwicklungsstufen. Die Würdigung und das Verständnis für einen Dichter oder Schriftsteller beispielsweise mögen einen bestimmten Grad der Geistesverwandtschaft dokumentieren, jedoch kann sich diese bestimmte Seele unter Umständen durch ihre Weiterentwicklung außer Reichweite des Suchenden befinden, und so zieht man eine Niete. In einigen wenigen Fällen mag sie im Gegenteil einen Rückschritt getan haben. Dann müssen andere Bedingungen berücksichtigt werden. Es muß eine gedankliche Kongruenz zur selben Zeit gewährleistet sein. Wenn ich beispielsweise einen Geist zu finden versuche, den ich mit einem konkreten Gedankengang assoziiere, und dieser Geist ist zu dieser bestimmten Zeit mit Angelegenheiten anderer Art beschäftigt, ist der Kontakt sehr wahrscheinlich nicht herzustellen. Sollte jemand keine Kommunikation wünschen, können vorsätzliche Barrieren errichtet werden, und in diesem Fall schiebt sich eine Art von Dunkelheit zwischen ihn und einen möglichen Sender, um jede Übermittlung auszuschließen.

Nichtsdestoweniger ist für mich dieses freie, schweifende Abenteuern des Geistes in der Welt der Gedanken in seiner Gesamtheit sehr bedeutsam geworden und dient mir als Mittel zur Umerziehung in bezug auf die neuen Wertesysteme, die ich mir aneignen muß. Nicht nur das; es ist für mich auch eine Quelle reinen und unbegrenzten Vergnügens, da mir meine Welt in seltenen Intervallen Ausblicke auf ein größeres, freieres Leben und reichere Erfahrungen eröffnet – ein Wunder an Licht und Freude jenseits aller Worte.

Während ich diesen neuen Pfaden der Erkenntnis folge, hege und pflege ich meinen Hang zum Alleinsein und ärgere mich beinahe schon über die Ankunft eines gelegentlichen Gastes. Mitchell, der mich niemals längere Zeit aus den Augen läßt, kam, um nach mir zu sehen, und ihm habe ich dies alles eröffnet. Wir sprachen lange miteinander, und ich bin sicher, daß er mich klug beraten hat, obwohl ich zögere, seinen Vorschlag anzunehmen. Er warnte mich, daß ich, falls ich dieses zurückgezogene Leben weiterführen und meine Zeit damit verbringen würde, an den Erkenntnissen höher entwickelter Geister zu partizipieren, keine Fortschritte, sondern vielleicht sogar Rückschritte in meiner Entwicklung machen werde, so daß mir höhere Erfahrungen verschlossen sein würden. Ich fürchte, daß er recht hat und ich ausgehen und mich öfter unter meine Gefährten mischen muß. Gelegentliche Zeiten geistigen Vagabundierens sind erlaubt, so lange sie durch Aktivität ausgeglichen werden.

Dies bringt mich zu einem Problem, das die Wurzel aller Unruhe und Versäumnisse meines Erdenlebens bildete. Ich kenne die Freuden der Einsamkeit nur zu gut und koste sie weidlich aus, hier wie dort. Ebenso aber weiß ich seit jeher um das Vergnügen an der Betätigung, so ganz besonders in den frühen, geschäftigen Tagen meiner Feldzüge. Damals besaß ich die Macht zu planen, Unternehmungen durchzuführen und empfand helles Entzücken über meinen Einfluß auf Menschen und Ereignisse. Diese beiden Seiten meiner Natur befanden sich jedoch fortwährend miteinander im Kriegszustand, und das Leben gab mir niemals die Gelegenheit, diesen Konflikt zu lösen, oder vielleicht war ich selbst zu verblendet und charakterschwach, um ihn damals aus der richtigen Perspektive betrachten zu können. Selbstzweifel, Enttäuschungen und Fehlschläge schwächten den Glauben an meine Fähigkeit zu sinnvollem Handeln, und am Ende gab ich den Kampf verloren und dankte ab, indem ich anderen die Regelung meines tätigen Lebens überließ und mir selber nur noch mein Privatleben als einen Bereich eigenständiger Selbstbestimmung vorbehielt. In dieser Kapitulation fand ich eine gewisse Art des Friedens, aber gleichzeitig schrieb sie auch die Zweiteilung meines Seins fest und bedeutete somit keine wirkliche Lösung.

So habe ich nun dieses Problem mit hierhergebracht, und wenn ich klarere Einblicke in dieses Leben hier wünsche, wird diese Schwierigkeit früher oder später hochbedeutsam für mich werden. Eine Zeitlang konnte ich mich in meinem Häuschen verkriechen und es vermeiden, ausgehen zu müssen, aber nun – nach meinem Gespräch mit Mitchell – weiß ich, daß ich dem Dilemma ins Gesicht sehen muß. Ein Teil meines Wesens dürstet nach Aktivität, nach eigenverantwortlicher Betätigung; ein anderer Teil sehnt sich nach den Wonnen geistiger Freiheit, die niemandem gegenüber Rechenschaft schuldet und nur in der Einsamkeit zu erlangen ist.

Mitchell hat mir deutlich gemacht, daß ich eine Lebensweise finden muß, die beiden Seiten meiner Natur gerecht wird; das Scheußliche daran ist nur, daß ich das Verlangen und die Kraft, Dinge in Bewegung zu setzen, verloren zu haben scheine. Der Wunsch danach ist erstarrt und wie paralysiert; andererseits bereitet meine fieberhafte Unduldsamkeit dem Nicht-Tun gegenüber ein gewaltiges Chaos in meinem Innern. Ich blicke mich um in dieser geordneten, glücklichen Welt und kann nirgendwo ein Stimulans zum Tätigwerden entdecken. Sicherlich, es gibt hier einiges zu tun, aber angenommen, ich ordne mich diesen Gegebenheiten unter und gehe als ein willenloses Instrument an die Dinge heran – es würde nicht meine eigene Leistung sein.

Mitchell will von solchen Kompromissen nichts hören. Er sagt, ich könne mir mein Heil in dieser schwierigen Phase nur dadurch erarbeiten, indem ich eine Aufgabe fände, die in einer ganz bestimmten Weise für mich charakteristisch sein muß. Er rät mir Geduld und ein ruhiges Fortführen meiner Zusammenkünfte und meiner Arbeit mit anderen, bis ich meinen eigenen Weg gefunden haben werde. Unterdessen und in den Intervallen zwischen den Anlässen, in denen ich seinen Rat in puncto Geselligkeit befolge, werde ich weiterhin mein Interesse auf die Arbeit mit der Gruppe und dem früher schon genannten Medium richten, da ich auf diese Weise letztendlich meine Zeit auf gewinnbringende Art nutzen kann.

Nichtsdestoweniger aber tobt der Kampf weiter in mir, und ich habe Anfälle von Verzweiflung, wenn es ganz so aussehen will, als produzierten die kriegführenden Elemente wieder einmal einen toten Punkt wie auf der Erde. Der alte Widerwille gegenüber jeder Form der Aktion, die ich eventuell ins Auge fassen könnte, steigt in mir hoch, wann immer mich mein Unmut über meine Untätigkeit anstachelt. Dieses Leid ist eine bittere Realität, und die Versuchung ist groß, wiederum den Kampf aufzugeben und mich besiegt in ein Einsiedler-Dasein zu flüchten. Sollte ich mich dafür entscheiden, weiß ich immerhin mit einiger Bestimmtheit, daß ich auf eine Weise glücklich sein kann, jedoch um den Preis einer fortgesetzten Blamage. Mehr noch, ich würde das Grundmuster des Konfliktes noch verstärken, wollte ich die Sache durch einen Verrat an meinem tätigen Selbst beenden, und auch hier weiß ich wiederum nur zu gut Bescheid über die Verzweiflung und selbstmörderischen Hoffnungen, die folgen werden. Ich beginne zu erfassen, wie lebenswichtig diese Entscheidungskrise für mich ist. Auf der Erde begegnete ich derselben Krise lediglich mit Verwirrung und nichtigen Scheinlösungen; jetzt kehrt sie zu mir zurück, wie alle unbewältigten Konflikte es tun, nun aber kann ich sie klar und nackt vor mir sehen. Ich bin zusammengesetzt aus zwei Elementen, beide scharf geladen und schwierig zu bändigen; sie zerren mich zwischen sich hin und her, es sei denn, ich knüppelte das eine oder das andere in die Knie. Dies ist keine Lösung, und ich weiß es. Wenigstens kann ich das Dilemma nun genau erkennen, und mir ist klar, was zu tun ist: Ich muß in mir selbst das Motiv dazu aufspüren, in einer Weise zu existieren, die beiden Extremen gerecht wird.

Indem ich so müßig meinen Erinnerungen an die Erde nachhänge, beleuchtet mein Gedächtnis eine Reihe bestimmter Vorgänge. In den Zeiten zwischen aktivem Dienst und anderen Methoden, seit jenen Tagen mein nutzloses Leben auszufüllen, hegte ich immer großes, grundsätzliches Interesse an der Herstellung von Büchern, an ihrem Druck und Format. Wie eine Inspiration überkam mich dieser Gedanke, und vielleicht liegt hier eine Möglichkeit für mich, die Betätigung zu finden, nach der ich so verzweifelt suche. Ich kenne niemanden hier in meiner Umgebung, der mir diese Art von Arbeit verschaffen könnte, aber während ich so in meinem Häuschen sitze und versuche, das Arbeitsproblem auf alle Aspekte hin zu prüfen, fühle ich ganz deutlich, daß es hierfür eine Lösung geben muß. Die Buchbindekunst wird hier ebenso wie auf der Erde benötigt, und meine Vorstellungskraft fängt Feuer bei der Eröffnung so vieler herrlicher Möglichkeiten, die die Erde mir niemals hätte bieten können. Man stelle sich einmal die Bücher vor, die ich hier herstellen könnte! Sauberer, klarer, gefälliger Druck, Papier, das seiner würdig ist und Bindungen in prächtiger Ausstattung, entsprechend dem Gehalt des Buches. Während ich noch diesen Träumen nachhing, hatte ich das Häuschen verlassen und lenkte meine Schritte ins Land hinaus im Vertrauen darauf, Orte zu finden, an denen solche Arten von Handwerk gedeihen.

Ich bin weit von Zuhause fortgewandert und habe

eine alte Stadt gefunden, in der es Lehrstühle gibt; keine genaue Wiedergabe meines alten Oxford, aber eine Universitätsstadt mit weitläufigen Gebäudekomplexen von würdigem Äußeren. In der Ferne, über Wiesen hinweg erhob sich ein grauer Turm mit vielen Stockwerken, und dorthin wandte ich mich. An seinem Fuße traf ich zu unserer gegenseitigen Freude auf einen Mann, den ich einst näher gekannt hatte, und nach einer herzlichen Begrüßung nahm er mich mit in seine Wohnung. Alles dies ist so wie das Universitätsleben, das ich gekannt habe – und auch wieder nicht. Ich befinde mich unter ausgesprochen erlesenen Geistern, die mich willkommen geheißen haben und mich überreden wollen, bei ihnen zu bleiben. Ich aber bin restlos befeuert von meinem Plan und werde nicht eher rasten, bis ich einen Mit-Enthusiasten ausfindig gemacht habe.

Ich habe meinen Mann gefunden. Thomas ist eine stille, fleißige Seele, als jedoch die Rede auf die Herstellung von Büchern kam, war er wie ausgewechselt. Er führte mich sogleich fort in seine Werkstatt und Druckkerei, und hier lagen alle die vertrauten Werkzeuge seiner Kunst beisammen, nur von besserer Machart und für bessere Resultate geschaffen als alle, mit denen zu hantieren ich jemals zuvor die Freude hatte. Bald schon waren wir tief in den technischen Problemen seines Handwerks versunken, und ich wurde als Lehrling und Hilfskraft willkommen geheißen. Auch hier bei uns werden noch Bücher gebraucht; Bücher werden noch geschrieben, gelesen und studiert, jedoch stellt man sie nicht auf diese gefühllose, kitschig-verschwenderische Weise her wie auf der Erde. Bücher, die hier gefertigt werden, sind Früchte hohen Verstandes, der Weisheit und der Liebe zu allem Schönen; man behandelt sie mit einer Sorgfalt und Geschicklichkeit handwerklichen Könnens, die mich in helle Begeisterung versetzt.

Mein Häuschen ist vergessen, und ich habe mich mit ganzem Herzen in die Arbeit gestürzt. Wir arbeiten aus Spaß an der Sache und für lange oder kurze Zeit, eben so lange, wie die Freude währt. Wir halten hier keine Gesellenstunden ein, und das Fehlen der regelmäßigen Zeitunterbrechungen in Tag und Nacht bedeutet für uns eine große Flexibilität. In diesem kühlen, grünbeschatteten Arbeitsraum lerne ich viele neue Methoden des Gravierens, Druckens und werkmäßigen Bearbeitens, und in dem Vergnügen der Hand und dem Frohlocken des Auges über das gelungene Werk finde ich volle Befriedigung. Mein Geist hält im Ersinnen nützlicher Dinge mit meinen Händen Schritt, und es scheint so, als hätte ich zu guter Letzt ein Rezept für meinen Seelenfrieden gefunden.

Auch finde ich hier eine Art der Kameradschaft, die ausgesprochen wertvoll für mich ist und mich voll und ganz erfüllt. Die Männer und Frauen an der Universität sind mir manchmal an Wissen gleichwertig, aber viel öfter noch überlegen, und zwischen uns fließen klare Quellen munterer Betriebsamkeit über in Freude und sprühenden Humor. Ich darf einen Lebensüberfluß kosten, wie ich ihn niemals zuvor gekannt habe.

Ein amüsanter Umstand – und einer, der mir große heimliche Befriedigung verschafft hat – ist der, daß es so aussieht, als ob ich mich meinem «richtigen» Alter nähere. Dies ist ein Phänomen, auf das Mitchell mich bereits vorbereitet hat. Es scheint so, daß jedes menschliche Wesen seinen wahren Altersmeridian besitzt, an dem sich sein Selbst auf dem Gipfel seiner Vollendung entfaltet. Für einige ist es die Jugend; für einige ein reiferes mittleres, für andere sogar ein fortgeschrittenes Alter. Wann immer auch die Manifestation eines Wesens ausgereift und charakteristisch ist – auf dieser Altersstufe bleiben Mann oder Frau stehen. So spielt es keine Rolle, in welchem Alter ein Mensch auf der Erde stirbt, er kehrt schrittweise in sein ideales Alter zurück, wenn er hierherkommt. Die meisten Menschen, denen ich begegne, scheinen jung zu sein, aber es gibt auch Beimengungen von reifen und älteren Leuten. Meine eigenen Erfahrungen waren stürmisch und unruhig, nun aber, da ich Frieden und Erfüllung finde, sehe ich mit Interesse, daß ich deutlich jünger werde, nicht nur in meiner Erscheinung, sondern auch gefühlsmäßig und in der Weise, wie ich mit anderen umgehe. Thomas verulkt mich mit der Aussicht, auf dem direkten Wege zurück in meine Kindheit zu sein und befürchtet sogar, daß die Entwicklung auch dort noch nicht haltmachen wird; tatsächlich habe ich mich bei achtundzwanzig eingependelt und werde dabei sehr dankbar verweilen. Ich bin jung und besitze die Energie und den Enthusiasmus, die meinem offenbar wirklichen Alter angemessen sind, und ich kann mir kaum noch vorstellen, älter zu sein.

Ein anderer erstaunlicher Wandel hat mich mit jedwedem Verlust des Ansehens reiferer Jahrgänge ausgesöhnt. Ein kleinwüchsiger Mann leidet unter dem Mangel an Zentimetern und wird davon in vielerlei Hinsicht auf unerwünschte Art und Weise berührt. Der Wunsch treibt ihn, diesen Mangel zu kompensieren, und er tut dies oft rücksichtslos zu seinem und anderer Leute Schaden. Wie bedeutend auch immer sein Geist sein mag – er wird sich kaum jemals sicher genug fühlen, auf die Schutzwälle verzichten zu können, die er um seine Schande herum errichtet hat. In meinem eigenen Fall wurde mein normales Wachstum durch einen Unfall in meiner Jugend gehemmt, und so war meine kleine Statur nur ein zufälliger Formfehler. Zu meiner großen Freude ist diese Unzulänglichkeit nun behoben, und ich habe jetzt eine normale Körpergröße erreicht. Nur jemand, der einmal unter diesem Handicap zu leiden hatte, kann ermessen, welch tiefe Befriedigung dies für meine Eitelkeit bedeutet.

Nun bin ich also hier, jung, hochgewachsen und weitgehend befreit von den ätzenden Emanationen, die mich zu behindern pflegten. Ich bin auf die glücklichste Weise beschäftigt und mit gleichgesinnten Gefährten verbunden in einem befriedigenden und nützlichen Dasein. Wenn ich nicht genau wüßte, daß mein Weg noch weit ist, würde ich randvoll mit Selbstzufriedenheit sein. Diese Ungebundenheit, Zufriedenheit und reine Freude am Leben erfüllen mich bis zu den Haarwurzeln mit einer vorher nie geahnten übersprudelnden Lebenskraft.

KAPITEL 6
Die Universität – ein Übergang

Unter den Studenten dieser Universität gibt es einen jungen Mann, der mich sehr beeindruckt. Er hört Vorlesungen über höhere Philosophie, die hier den Platz des gleichnamigen Studienfaches einnimmt, das man auf der Erde belegen kann, wobei natürlich unser Besitz an erweitertem Wissen die wissenschaftliche Grundlage radikal verändert. Die bloße Tatsache des Weiterlebens nach dem Tode schafft eine neue Ausgangsbasis zur Klärung der Zusammenhänge und führt alle die materialistischen Hypothesen ad absurdum, die auf der Erde so end- und fruchtlos diskutiert werden. Von daher muß ein völlig neues Wissensgebäude errichtet werden, nicht nur in bezug auf die Philosophie, sondern auch für die Naturwissenschaften. Wir studieren hier eine ganze Reihe neuer «physikalischer» Substanzen und Normen, unter denen viele sind, deren wirkliche Existenz auf der Erde noch bestritten wird. Die neue Anordnung ihrer

Verbindungs- und Reaktionsketten zieht weitere Kreise bis hin zu einer umfassenderen Mathematik.

Es eröffnet sich uns ein Leben voller geistiger Abenteuer mit neuen Horizonten und unerschöpflichen Möglichkeiten. Mein neuer Freund ist in Studien vertieft, die aus vielem bestehen, das auf der Erde als Illusion und metaphysische Hirngespinste abgetan wird, für uns jedoch mit unserem neuen Bezugsrahmen eine unausweichliche Realität bildet. Reumütig amüsiere ich mich über die gedanklichen Sperren und Vorstellungen, die ich von der Erde mitgebracht habe. Die meisten von ihnen muß ich fallenlassen. Ich habe diese Grenzen nun überwunden und nicht länger mehr Lust, spekulative Gedanken zu bespötteln. Ingrams Forschungen faszinieren mich, und ich beginne, sein Interesse zu teilen.

Wir debattieren endlos, und unsere Argumente und Ausführungen füllen ein ganzes Universum gelehrter Abhandlungen. Ich blicke auf mein buntes Erdenleben zurück, das so ganz seltsam gewoben war aus Bestrebungen, Leistungen, Fehlschlägen und Verzweiflung. Ich verbinde es mit der Geschichte, wie sie sich hier fortgesetzt hat – durch die verschiedenen Phasen der Selbstverwirklichung hindurch bis hin zur Neugeburt von Hoffnung und Lebensmut. Ich nehme allmählich diese beiden Teile meines Daseins als ein Ganzes wahr, mit einem unverwechselbaren Grundmuster, das alles durchzieht. Wenn ich die Tatsache anerkenne, daß Leben unzerstörbar ist, muß ich auch zugeben, daß ich keinen Anfang voraussetzen kann, wo es offenbar kein Ende gibt. Wir wissen, daß Leben in der Zeit ohne Ende ist, als was immer es sich seinem Wesen nach auch herausstellen wird; es ist von daher unwahrscheinlich, daß es in der Zeit jemals einen Anfang nahm. Wie Energie scheint das Leben viele Formen annehmen zu können, aber seine Summe bleibt unveränderlich. Wenn Seele und Geist eines Menschen, aus der Verbindung mit der Materie im Tode entlassen, fortbestehen, was für uns keine Frage ist, dann gab es sie bereits vor dieser Verbindung mit der Welt des Stoffes.

Was das Argument betrifft, das so oft auf der Erde geäußert wird, nämlich daß Seele und Geist angeblich nur ein Nebenprodukt chemischer Prozesse der Materie bilden, muß man sagen, daß die bloße Tatsache unserer Existenz hier diesen Anspruch als Unsinn ausweist. Das wahre Rätsel ist eigentlich, wie Seele und Geist – angesiedelt auf einer um so vieles höheren Ebene als die Materie – während unseres Erdenlebens überhaupt eine Verbindung mit dem Stofflichen eingehen können und es auch tun. Das ist ein Problem, bei dem *wir* zur Skepsis neigen!

Von diesen Überlegungen sind wir dazu übergegangen, die Lehrsätze über Reinkarnation zu prüfen, wie sie uns von einem bedeutenden Lehrkörper dieser Universität vermittelt werden. Dieser Körper ist in zwei Lager mit auseinandergehenden Lehrmeinungen geschieden; das Thema ist eines der umstrittensten Studienfächer der Hochschule, und viele Varianten der Wiedergeburtstheorie werden von uns erörtert. Wir müssen noch eine weitere Tatsache in Erwägung ziehen; wir wissen, daß sich unsere neuen Körper verändern werden, um für ein Leben in höheren Sphären tauglich zu sein, und wir sind uns klar darüber, daß der gleiche Prozeß sich immer wiederholen muß, will man in seiner Entwicklung weiterkommen. Wo wird das enden? Steigen alle höher auf, die diese Ebene verlassen? Setzen sie die Reise nach oben fort, oder sind dem Wachstum Schranken gesetzt, und wer legt diese fest? Das sind einige der Fragen, die uns an die Grenzen unseres Wissens führen und zu deren Beantwortung weitere Erfahrungen nötig sind.

Ich habe meine alte Gewohnheit wieder aufgenommen, mit Geistern anderer Ebenen in Verbindung zu treten, um von ihnen Aufschlüsse über den Entwicklungsprozeß zu erhalten, von dem ich annehme, daß er vertikal durch alle Sphären hindurch verläuft. Es ist mir klar, daß das Verständnis dieser Mysterien abhängig ist vom jeweiligen Erkenntnisvermögen eines Individuums und daß in jeder folgenden Sphäre ein erweitertes Verstehen aufdämmern wird. Das unbändige Verlangen nach Wissen läßt sich aber nicht mit solchen Erwägungen abspeisen, und selbst auf meiner niedrigen Stufe bin ich fest dazu entschlossen, soviel davon zu meistern, wie ich nur kann.

Ingram hat sich die Fähigkeit, Wesenheiten aus anderen als seiner eigenen Sphäre aufzufinden und mit ihnen Gedanken auszutauschen, noch nicht erworben. Anfangs zeigte er sich skeptisch, aber ich brachte ihn dazu, es mit mir zusammen zu versuchen. Er stellte den Intelligenzen, mit denen wir in Kontakt traten, einige Fragen, und ihre Antworten überzeugten ihn davon, daß sie im Besitz von Kenntnissen und Weisheiten sind, die weit jenseits unserer Fassungskraft liegen.

In einer dieser Sitzungen bekamen wir Kontakt zu der Gruppe, die mit dem bereits erwähnten Medium arbeitete, und da auch dort gerade das Thema erörtert wurde, das unsere Gemüter in diesem Moment am stärksten beschäftigte, schalteten wir uns ein und profitierten von ihren Erkenntnissen. Natürlich war dies kein zufälliges Zusammentreffen; unsere Gedanken kreisten um denselben Gegenstand und trieben uns in einem Zentrum zusammen, wo dieser sich am wirksamsten manifestieren konnte. Es gibt tatsächlich keine Zufälligkeiten im Austausch von Gedanken; so wie sich unsere Körper in die Richtung unserer Wünsche in Bewegung setzen lassen, so streifen unsere Geister durch die Welt der Gedanken und konzentrieren sich überall dort, wo sie auf Gleichartigkeit stoßen. Es ist ein fließender, sehr schwierig zu beschreibender Seinszustand, bevor man ihn nicht aus eigener Anschauung heraus kennengelernt hat, aber er bedeutet Freiheit, Erlebnisreichtum und den Reiz fortwährenden Ideenaustausches. Soviel in Paranthese. Bei unserem ersten Zusammentreffen mit den Gedanken der Gruppe griff Ingram plötzlich nach meiner Hand, als ich gerade eine Antwort der Person notieren wollte, die mir als «E. K.» bekannt ist.

«Ich kenne diesen Mann», sagte er. «Er hält manchmal Vorlesungen an der Universität. Jede seiner Schlußfolgerungen würde ich mit großem Respekt akzeptieren.»

«Besteht die Möglichkeit, ihn zu treffen?», fragte ich Ingram.

«Das wird nicht leicht sein», antwortete er. «Er

gehört nicht direkt zur Fakultät, denn er hat einen höheren Lehrstuhl inne.»

Für den Moment muß ich die Hoffnung begraben, E. K. als körperlicher Person zu begegnen, bin dafür jedoch um so fester entschlossen, mich noch intensiver mit dem Thema Reinkarnation zu beschäftigen, das er mit unserem Medium aufarbeitet. Da diese Arbeit für Erdbewohner gedacht ist, geschieht sie aus einer Sicht heraus, die für uns hier nicht unbedingt von Interesse ist. Alle Gesichtspunkte des Überlebens nach dem Tode mögen für die Erde wichtig sein, sie sind überflüssig, soweit es uns betrifft. E. K. jedoch arbeitet mehr als gründlich, und unter seiner Anleitung wird die Theorie der Wiedergeburt mit allen ihren Folgerungen und Rückschlüssen in einer weitreichenden Weise entwikkelt und aufgerollt, die mich begeistert. Einige unserer Fragen bezüglich verschiedener Aspekte des Themas, die wir selbst aus eigener Beobachtung heraus auf dieser Ebene noch nicht überprüfen können, werden in einer Form beantwortet, die den Weg des Entwicklungsprozesses von Sphäre zu Sphäre zum überzeugenden, logisch begründeten Vorgang werden läßt.

Ich glaube nicht, daß ich jemals besonders leichtgläubig war, weder während meines Erdenlebens noch hier; sehr wahrscheinlich habe ich mich eher zur anderen Seite hin verirrt. Der Schock, den mir die Erkenntnis versetzt hat, *das* überlebt zu haben, was ich für das endgültige Erlöschen der Existenz hielt, hat mich natürlicherweise aufgerüttelt und meinen Geist für viele neue Möglichkeiten geöffnet, die ich früher nur verächtlich zurückgewiesen hätte. Jedoch muß man auch ein wenig die andersartige Qualität unserer Fähigkeiten berücksichtigen; unsere Intelligenz gestaltet sich viel durchlässiger, offener für neue Eindrücke als jemals zuvor. Der Verstand arbeitet mit einer Klarheit, einer fließenden Beweglichkeit, wie auch unser lichter, behender Körper selbst eine Quelle reiner Freude darstellt. Das drückende Gewicht der Materie lastet nicht mehr auf ihm, und es steht uns frei, abenteuerliche Reisen auf den Wegen der Spekulation zu unternehmen, die vordem kaum denkbar waren. Freizügigkeit, Erleuchtung, ein sehr viel flexibleres geistiges Rüstzeug – alles das setzt uns in die Lage, alles nur erreichbare Wissen zu sammeln und es uns anzueignen. Es ist eine magische Welt voll fröhlicher Vitalität und Ungebundenheit.

Ich habe mich hier auf ein erfülltes, arbeitsreiches Leben eingelassen, in dem ich in Thomas' friedlicher Gesellschaft schöne Bücher drucke, binde und ausstatte und viel Zeit mit froher Geselligkeit und fruchtbaren Gesprächen im Freundeskreis zubringe. Je vertrauter mir die Universität wird, desto öfter entdecke ich hier Menschen, die ich unter ähnlichen Bedingungen schon auf der Erde gekannt habe. Manchmal lachen wir gemeinsam über die überraschend weltlichen Formen, die unsere «Himmelskronen, weißen Gewänder und Engelsharfen» angenommen haben. Unnötig zu betonen, daß wir herzlich froh über die ganz anders geartete Realität sind und darüber, unseren natürlichen Neigungen frönen zu können und das Leben genießen zu dürfen, das uns am meisten zusagt. Da ist beispielsweise Dr. G. mit seinen kurzsichtigen Augen und seinem freundlichen Gesicht, dessen ganze Welt, wie ich mich entsinnen kann, hinter den Mauern seines Colleges eingeschlossen war. Hier ist er nicht länger mehr kurzsichtig oder gebeugt, erfüllt jedoch immer noch dieselbe Aufgabe mit Nachdruck und Verstand. Er sagte zu mir: «Mein lieber junger Freund, es ist ganz natürlich, daß es mich hierher zog, denn diese ist die einzige Art von Leben, auf die ich mich verstehe und die mir etwas bedeutet. Aber ich weiß sehr gut, daß ich einen Fehler mache. Wenn ich mein Wachstum nicht ernstlich behindern will, werde ich mich von hier fortmachen und es mit einer anderen Lebensweise versuchen müssen.»

Ich widersprach ihm und dachte dabei an seinen unschätzbaren Wert als Lehrer und Vorbild der Jugend, er aber erzählte mir, daß er eine Stufe der Selbsterkenntnis erreicht hätte, auf der er nicht länger mehr die Notwendigkeit zum Weitergehen leugnen könne. Ich würde herausfinden, daß es früher oder später uns allen so erginge.

«Die Zeitlosigkeit unseres Daseins führt uns zu der Fehlannahme, unserem Glück seien keinerlei zeitliche Grenzen gesetzt», sagte er. «Uns bedrängt kein Schatten des Alterns, der immer länger wird und unseren Lebensäußerungen eine natürliche Schranke zieht; sind wir also glücklich und fühlen uns behaglich, glauben wir, dies ginge ohne Ende immer so weiter. Ich aber weiß, daß auch unser Leben hier Gezeiten unterworfen ist und daß ich mich einem Ende nähere. Ich könnte vielleicht einfach die Zeichen ignorieren und weiterhin hierbleiben, aber wenn ich so handelte, würde ich das Muster meines Lebens pervertieren. So siehst du also, daß man sogar das Paradies nicht allzu lange genießen darf, will man seinem eingeborenen Wachstumsprozeß nicht entgegenarbeiten.»

Mir erschien seine Erklärung ein wenig drastisch, und ich war damals keineswegs sicher, die volle Bedeutung seiner Worte verstanden zu haben. Gerade in dem Augenblick jedoch, als er sprach, wob die strahlende Helligkeit der Weisheit seines Geistes einen Glorienschein um seine Gestalt, der überzeugender war als viele Worte. Ich zögerte, nahm aber meinen Mut zusammen und sagte zu ihm: «Wenn du von einem Wandel sprichst, dessen Nahen du fühlst, erwartest du da eine Veränderung deiner selbst oder nur einen Wechsel deines Aufenthaltsortes und deiner Beschäftigung?»

«Es wird beides sein, denke und hoffe ich», antwortete er. «Ich werde langsam alt in diesem Körper und bald mit ihm fertig sein. Dann gehe ich weiter, um dieses wunderbare Universum von einer anderen Ebene aus zu entdecken.»

«Ist das dann so etwas wie der ‹zweite Tod›, von dem ich gehört habe?» fragte ich.

«Ja, sicherlich kannst du das so nennen», sagte er. «Ich weiß jedoch nichts Genaues darüber, nicht, wann es geschehen wird, also laß uns nicht mehr darüber sprechen. Ich habe diesen Ort und diese Menschen hier geliebt, und es wird schwer sein, sie zu verlassen. Aber dieser Abschied bedeutet keine wirkliche Trennung, da ich mit all dem hier in Verbindung bleiben werde.»

Ich hatte bereits von diesem zweiten Tod als einem Übergang in die nächsthöhere Sphäre gehört, aber meine eigene Entwicklung ist noch so unvollkommen, daß ich nicht weiter ernsthaft über diesen Punkt nachgedacht habe. Jetzt scheint es so, als sei ich dazu ausersehen, diesen Vorgang bei einem anderen beobachten zu dürfen. Bis zu einem gewissen Grade ist ein Kommen und Gehen zwischen uns und einer höheren Welt möglich, und ich weiß, daß Dr. G. sein Wort halten wird. Dieser Austausch hat beinahe den Charakter eines Einbahnverkehrs; obgleich die höher Angesiedelten um den Preis eines gewissen Verlustes ihres Wesens an Helligkeit und Beweglichkeit zu den Niederen zurückkehren können, sind diese jedoch nicht in der Lage, höhere Bedingungen so ohne weiteres zu ertragen, bis sich nicht jene Wandlung der körperlichen Ausstattung vollzogen hat, die Dr. G. meinte. Während man auf der Erde lebt und nicht hinter die Dinge blicken kann, hat der Tod den Anschein eines Verhängnisses, jetzt aber erkennt man, daß er nichts anderes ist als ein einfacher Wechsel der Lebensbedingungen, notwendig für das geistige Wachstum eines Menschen. Sobald unser gegenwärtiger Körper seine Schuldigkeit getan hat und abgenutzt ist, scheint die nächsthöhere und noch wundervollere Form durch ihn hindurch, und es beginnt eine allmähliche Metamorphose, die in eine Periode der Bewußtlosigkeit und ein Erwachen auf einer höheren Ebene mündet. Ich bin sehr interessiert an diesem Geschehen und habe Dr. G. um die Erlaubnis gebeten, es so hautnah wie möglich verfolgen zu dürfen. Als ich diese Bitte äußerte, blickte er mich ein wenig zweifelnd an; mein Vorschlag hatte einen etwas impertinenten Beigeschmack, und rasch entschuldigte ich mich und nahm ihn zurück. Er aber beruhigte mich sogleich und bat mich, ihm und seinem engeren Freundeskreis einen

Besuch abzustatten. Das tat ich und wurde innerhalb eines ausgewählten Kreises von Männern und Frauen willkommen geheißen, von denen alle in Dr. G. einen fähigen Lehrer und Führer gefunden haben und ihn auch als Menschen lieben und verehren.

Wir sprechen untereinander niemals über den bevorstehenden Abschied. Wir wissen, daß dieser mehr in den Gefühlen der Menschen auf der Erde eine Rolle spielt, uns jedoch bedeutet er nichts. Nichts von Traurigkeit – nur eine gedämpfte Freude über die wunderbaren Veränderungen, die in unserem Freunde vorgehen. Er führt seine gewohnte Arbeit mit seinen Studenten fort und ist jederzeit für seine Freunde da, aber wir beobachten die fortschreitende Konzentration seines Lebens in ein glühendes inneres Lichtfeld. Es ist so, als ob das Licht und die Wärme, die ihm für gewöhnlich entströmen zum Segen seiner Freunde, nach innen gezogen und dort gesammelt werden, und diese Strahlkraft und Helle leuchtet nach außen und läßt seine äußeren Konturen allmählich verblassen.

Das Ende kam plötzlich. Ich wollte ihn besuchen, und mir wurde gesagt, daß er schliefe. Wir standen um ihn herum und beobachteten seine stille Gestalt und das Licht, das dort aufstrahlte und wieder verblaßte. In einer atemberaubenden Sekunde vollzog sich die Wandlung. Das Licht zog sich zusammen, flammte auf und zerschmolz zu einem gewaltigen *Licht-Gedanken,* so heftig und einwärtsströmend, daß wir nach Atem rangen und uns abwandten. Dann war es vorbei; nur eine Larve unseres Freundes blieb übrig, die vor unseren Blicken zurückwich und schließlich verschwand.

Wir saßen sprachlos, versunken in die Schönheit und tiefe Bedeutung dieses Übergangs. Es dauerte lange, bis jemand das Schweigen brach und sagte: «Ich habe gehört, daß ein Geist einige Zeit braucht, um sich an seine neuen Bedingungen zu gewöhnen, genauso wie wir Zeit benötigten, als wir hierherkamen und uns anpassen mußten. Darum sollten wir nicht erwarten, unseren Freund so bald schon wiederzusehen. Ich schlage vor, daß wir eine gewisse Zeitspanne verstreichen lassen, uns danach wieder hier zusammenfinden und dann auf sein Kommen warten und hoffen.» Alle stimmten zu, und wir gingen auseinander, tief in Gedanken versunken, zurück zu unseren verschiedenen Beschäftigungen.

Das Herstellen von Büchern bedeutet auch weiterhin für mich Freude und Befriedigung, und ich lerne in Theorie und Praxis immer mehr dazu, aber ich möchte auch gerne schreiben – ein weiterer Trieb, dem ich auf der Erde niemals ganz Genüge tun konnte. Das dort kann man kaum Schreiben nennen; es ist eher ein schöpferischer Akt aus zweiter Hand und strengstens eingeschränkt durch die Grenzen von Hand und Hirn des übertragenden Mediums. Auch muß man sich nach dem Aufnahmevermögen derer richten, die das Geschriebene einmal lesen sollen und noch keine Erfahrungen mit dem Thema haben, um das es geht; das bedeutet, daß die besonderen Kräfte und Einsichten dieser Seinsebene nicht voll genutzt werden können. Üblicherweise sind solche Berichte stets rechtschaffene und sachliche Darstellungen und bieten keine Möglichkeit, schöpferisch tätig zu sein. Nein, ich sehne mich danach,

Einmaliges zu leisten, inspiriert durch die Wunder dieser Welt, wie ich sie jetzt sehe; und so bin ich in mein Häuschen zurückgekehrt und habe für eine Weile die fröhliche Gemeinschaft an der Universität verlassen. Ingram kennt meine Absicht und befürwortet sie. Also versuche ich, etwas von der Herrlichkeit meiner Erfahrungen und der Ehrfurcht, die ich empfinde in dieser erstaunlichen Phase meiner Existenz, in Worte zu fassen. Welt auf Welt stetig aufsteigenden Lebens eröffnet sich mir in Visionen und intuitivem Wissen, und den Impuls, mit ihren unendlichen Möglichkeiten das menschliche Wissen zu bereichern, kann ich nicht leugnen. Ich lebe versunken in einem Traum von Zeitlosigkeit und Wundern und bin es zufrieden, seinen Offenbarungen der Schönheit und ehrfürchtigen Staunens Ausdruck verleihen zu dürfen, zumindest es zu versuchen. Es ist unmöglich, derartige Erfahrungen in Begriffen der Erde zu vermitteln, und daher mache ich erst gar nicht den Versuch. Meinen Geburtswehen folgt ein spärliches Produkt, von dem ich hoffe, daß es sich bei ihm um Poesie handelt. Ich bin zwar nicht sehr zuversichtlich, was seinen Wert angeht, aber ich bin es zufrieden, mich redlich bemüht zu haben.

Ich bin zur Universität zurückgekehrt, und es tut gut, wieder bei meinen Freunden sein zu dürfen. Sie haben meinen Wunsch nach Zurückgezogenheit respektiert und sogar jede gedankliche Kontaktaufnahme vermieden. Ich habe meine Schreibversuche Thomas gezeigt, der sie mit einigen Einschränkungen gutheißt und entschieden hat, daß ich sie drucken darf. So bin ich jetzt also sehr fleißig tätig, beschäftige mich mit Drucktypen und Formaten und werde nun doch noch ein eigenes Buch herausbringen.

Während meiner Arbeit flogen meine Gedanken über mein Leben zurück bis zu jenem fernen Tag, an dem die Erde sich hinter mir schloß. Ich sehe nun, daß ich diese ganze Zeit über halbbewußt versucht habe, die Erfahrungen meines Erdendaseins zu vervollständigen, ihre Lücken zu füllen und einige seiner Versäumnisse wiedergutzumachen. Ich weiß – und Mitchell hat mich davor gewarnt –, daß ein großer Fehler in meiner Weigerung bestand, natürliche zwischenmenschliche Pflichten zu erfüllen wie Ehe und Elternschaft. Ich fürchte, diesen Mangel hier niemals wieder ausgleichen zu können. Ich habe viel über dieses besondere Defizit nachgedacht. Ich vermute, daß überzogener Eigendünkel und Angst vor dem Versagen am Werk waren, um meine Fähigkeit, zu lieben und alles für die Verbindung mit einem anderen Menschen aufs Spiel zu setzen, lahmzulegen, ganz zu schweigen davon, die Verantwortung für neues Leben auf der Erde zu übernehmen. Ich weiß nicht mehr, ob ich es klar genug zum Ausdruck gebracht habe, daß die Disziplin dieses Daseins hier alle Schwächen und Fehler nach und nach ins Bewußtsein zurückbringt. Ich sehe nun völlig klar meinen defensiven Egoismus vor mir, der meine Jahre auf der Erde verdarb und nutzlos machte. Jetzt aber hat sich durch leidvolle Erfahrung hier mein Blick geklärt, und ich bin von meinem selbst auferlegten Gefangenendasein befreit. Es fällt mir zunehmend leichter, anderen frei und unbelastet gegenüberzutreten und das anzunehmen, was sie mir ohne Vorbehalte zu geben bereit sind. Aber nichts kann voll und ganz ersetzen, was ich versäumte; nichts hier kommt diesem Zustand des «Ein-und-Alles» enger menschlicher Verbindungen auf der Erde gleich. Nichtsdestotrotz möchte ich, wenn möglich, eine verspätete Geste des Vertrauens in mein Schicksal machen und die Bereitwilligkeit zeigen, meine Freiheit einem anderen Menschen zum Pfand zu geben. Ein schwerer Kampf mit meinem egozentrischen Selbst hatte einen Besuch bei Mitchell zur Folge, und ihm eröffnete ich meine Schwierigkeiten.

Mitchell lächelte mich an mit jener warmen, menschlichen Zuneigung, die ihm eigen ist und meine eigene kühle Zurückhaltung jedesmal beschämt.

«Dein Instinkt ist richtig und klug», sagte er. «Aber denke gut nach, bevor du etwas unternimmst. Für dich selbst mag dieser Weg richtig sein, aber bedenke, wie dein Egoismus dir selbst hier noch Fallen stellt. Du hast offensichtlich nicht darüber nachgedacht, auf welche Weise deine gegenwärtige Einstellung eine Frau berühren muß, mit der du den Versuch einer längerdauernden Verbindung unternehmen willst. Wird sie, wenn ihr dein Motiv klar wird, an dem Gedanken Gefallen finden, als ein Mittel zum Zweck der Kompensation von Erfahrungen benutzt zu werden, die zu machen du dich auf der Erde vorsätzlich geweigert hast? Siehst du nicht, daß – sollte dein Wunsch in die Tat umgesetzt werden können – es aus einem echten Bedürfnis deinerseits nach einer ganz bestimmten Frau und ihrem Bedürfnis nach dir als einem ganz bestimmten Mann erwachsen muß?»

Ich war fassungslos angesichts dieser Offenbarung

eingefleischter Selbstbezogenheit und des Mangels an Einfühlungsvermögen. Wie viel habe ich noch zu lernen über mein abscheuliches Ich und seine schamlosen Gewohnheiten! Ich versicherte Mitchell, daß ich geduldig sein und warten wolle, bis ich eines Tages die Frau fände, die mich vielleicht achten würde und die ich achten könne – unabhängig von jedem Nutzen, den wir im Hinblick auf unsere Entwicklung voneinander haben könnten. Nach meinen Höhenflügen zum Zenit dichterischer Inbrunst und dem daraus folgenden aufgeblasenen Ego brachte mich diese Lektion in Sachen Demut wieder auf den Boden meiner Tatsachen zurück. Mitchell war wie immer Balsam für mich mit seinem gesunden Menschenverstand und seiner stets strömenden Liebe, mit der er uns alle umgibt, die wir durch seine Hände gehen. Stehen menschliche Probleme an, gibt es keinen zuverlässigeren Berater. Die Arbeit, die er leistet, indem er die Situation von Neuankömmlingen verbessert und ihnen hilft, sich in dieser neuartigen und manchmal verwirrenden Welt zu orientieren, ist unschätzbar. Nun bin ich wieder an der Universität, demütig, doch voller Hoffnung und gebe mich damit zufrieden, abzuwarten und das Leben gewähren zu lassen, wenn es mich im gegenwärtigen Kontakt mit Männern und Frauen einige von den Lektionen lehrt, die zu begreifen ich so kläglich auf der Erde versäumte.

Kapitel 7
Läuterung

Dr. G. hat sein Versprechen, uns zu besuchen, gehalten, aber er tauchte auf, als wir ihn am wenigsten erwarteten. Einige von uns saßen beisammen und sprachen ruhig miteinander, als plötzlich seine Stimme die Parabel aufgriff; überrascht schauten wir auf, erblickten die Umrisse einer Gestalt, die sich rasch mit Inhalt füllte – und er war wieder mitten unter uns. Eine Atmosphäre höchster Klarheit umgab ihn, und wir fühlten seine Nähe als geistige Taufe, als einen Strom reiner Freude, hungrig aufgesogen von unseren durstigen Seelen. Die Seligkeit eines höheren Seins als das unsrige durchstrahlte uns mit Licht und tiefem Glücksempfinden. Er blieb nur kurze Zeit, machte eine charakteristische Bemerkung über den «dreckigen Mief», den wir uns zum Leben ausgesucht hätten, und verließ uns wieder. Wir wußten, wie seine Worte gemeint waren; sein verfeinertes Wesen ertrug unsere Bedingungen nur mit Mühe, und der Versuch, ihn zurückzuhalten, wäre rücksichtslos gewesen. Auf alle Fälle beschlossen wir, die nächste Gelegenheit besser zu nutzen und bereiteten bestimmte Fragen vor, die wir ihm ohne Umschweife und Verlust kostbarer Zeit stellen wollten.

Dann kam mir eine bessere Idee. Warum sollten wir die Antworten auf unsere Fragen von ihm nicht auf die bewährte Methode der Kommunikation mit Abwesenden erhalten, um während seines möglicherweise seltenen persönlichen Erscheinens bei uns ganz ungestört die Freude seiner Gegenwart genießen zu können? Dieses Vorgehen befriedigte bereits im voraus alle geistige Aktivität und machte uns zu bloßen Empfängern seines wunderbaren Einflusses. Wir kamen überein, diese andere Methode anzuwenden; etwas später trafen sich einige von uns, und es gelang, ihn aufzufinden und uns jeweils über lange Zeiträume hinweg mit ihm zu unterhalten.

Was die Fragen angeht, die wir ihm stellten, ging es dabei in erster Linie einmal um seine neuen Lebensbedingungen, und er tat sein Bestes, sie uns zu beschreiben. Er stieß dabei auf die gleichen Schwierigkeiten, die ich bei meinem Versuch hatte, einem erdgebundenen Verstand unsere Verhältnisse hier klarzumachen. Beim Übergang von einer Ebene zur nächsten bewirken Veränderungen des Bewußtseinsumfangs verwirrende Stadien der Umorientierung im gesamten Gedankensystem; Raum- und Zeitkategorien sind radikal verändert, so daß sie für ein unvorbereitetes Bewußtsein, dessen Gesichtskreis noch mehr eingeschränkt ist, beinahe nicht vermittelbar sind. Dr. G. klärte uns auf, daß seine neue Welt wie unsere sei, jedoch wäre Materie noch weniger fixiert und noch leichter durch Gedankenkraft zu beeinflussen. Wie ich schon schilderte, setzt hier auf dieser Ebene das Verlangen nach einer Person oder einem Ort unsere Füße geradewegs in die gewünschte Richtung in Bewegung; dort geht dieser Prozeß rascher vonstatten und ist unabhängiger vom Zeit-Raum-Faktor, wie uns Dr. G. berichtete. Bewegung erfolgt stets synchron mit dem jeweiligen Gedanken, so daß der Wunsch nach seinen Freunden gleichbedeutend ist mit der Tatsache, direkt unter ihnen zu sein. Die Geschwindigkeit, mit der Gedanken in Handlungen übersetzt werden und die Verringerung der materiellen Hindernisse bei der Realisierung von Absichten sind Bestandteile des beschleunigten Lebenstempos, und da der Körper nun weitaus lichter und empfänglicher ist, empfindet er diesen neuen Lebensrhythmus als für ihn angemessen und natürlich.

Der Sprache bedient man sich noch weniger als bei uns, und Gedanken und Gefühle werden augenblicklich und vollkommen erfaßt. Im gleichen Maße beschleunigen sich alle Abläufe des Lebens mit einer solchen Leichtigkeit, daß Dr. G. selbst die Schnelligkeit des Austausches unter uns langwierig und träge erscheint. Licht, die Begleiterscheinung und der Indikator des Lebens und Anzeiger seiner Drehzahl und Intensität, ist weitaus stärker und leuchtender. Dr. G. erzählt uns, daß Farben weniger mit dem Auge wahrgenommen werden, sondern vielmehr ihr Wesen in eindrücklicher Weise intuitiv erfaßt wird – also mit allen Freuden, deren die Sinne fähig sind; man existiert in einer Klarheit des Wesens aller Dinge, die alle unsere langsameren, mehr äußerlichen Genüsse wie einen verschwommenen Traum erscheinen lassen. Wir erhielten den flüchtigen Eindruck einer völlig andersartigen Weise, die Welt wahrzunehmen: durch das direkte und unmittelbare spirituelle Erfassen ihrer geistigen inneren Beschaffenheit.

Dieses und vieles mehr vermittelte er uns, nicht, um uns mit unserem gegenwärtigen Los unzufrieden zu machen, sondern um unsere Augen für die innere Wahrheit dessen zu öffnen, was tatsächlich hinter unseren aktuellen Erfahrungen wirkt und darauf wartet, in reinerer Form geboren zu werden, sobald wir reif sind für diese Veränderungen. Seit Dr. G. uns verlassen hat, sprechen wir untereinander oft über die Metamorphose, die uns bevorsteht; wir sind jedoch selbstkritisch und ehrlich genug, unsere Untauglichkeit zum gegenwärtigen Zeitpunkt einzugestehen. Unser Glück ist hier für die meisten von uns gerade so groß, daß sie es eben noch ertragen können. Wir sind weit davon entfernt, schon genug von unserem jetzigen Dasein zu haben, und wir möchten es nur zu gerne weiterführen. Außerdem: Sollte ein Mensch es versuchen, in jener anderen verfeinerten spirituellen Atmosphäre leben zu wollen, der in seinem Wesen noch die unreinen Male der Erde trägt, dessen Leiden würden schrecklich sein, in gleichem Maße intensiv wie die Freuden, deren er nach seiner Reinigung fähig wäre. Mit anderen Worten: Zur verstärkten Befähigung, zu leben und Freude zu empfinden, kommt auch eine erhöhte Sensibilität dem Leiden gegenüber, die jede Regung von Schuld oder Reue in ihrer Intensität unerträglich macht. Wir bekennen uns zu unserer Unvollkommenheit; die meisten von uns tragen noch Lasten im Sinne des Christentums auf ihren Schultern in Form von Sünden und Schwächen, mit denen wir noch lange nicht fertig sind. Ich selbst bin mir einer erdrückenden, qualvollen Bürde bewußt, und zwar, wie mir scheint, in einem weitaus stärkeren Maße, als es mir auf der Erde jemals hätte möglich sein können. Was dort für mich lediglich verzeihliche oder gar erlaubte Irrtümer und Grausamkeiten waren, will mir nun weitaus schwärzer erscheinen. Sobald das Verständnis eines Menschen für Zusammenhänge wächst, wird ihm die Bedeutung seiner Handlungen und Motive klarer, Selbsttäuschung wird immer seltener möglich, und je bewußter er wird, desto schwärzer ist seine Sicht der Vergangenheit. Selbst ich mußte meine Einstellung revidieren, wie ich noch berichten werde.

Ich glaube, die große Aufgabe, die in diesem Stadium des Lebens vor uns liegt, ist die, uns von Schuldgefühlen zu befreien, ungeachtet unserer klareren Einsicht in den Schaden, den unsere Missetaten angerichtet haben. Man kann seine Bürde nicht so einfach mit einem Seufzer der Erleichterung niederstellen und ihrer los und ledig sein. Bürde ist eine recht unzulängliche Metapher; das Böse ist in uns, eine dunkle Wolke im Herzen unseres emotionalen Wesens. Es ist eine Krankheit, die geheilt werden muß. Sieht man die Sache unter diesen physischen Gesichtspunkten, wird deutlich, daß die alte Vorstellung, Sünde könne durch einen anderen getilgt werden, eine Illusion ist. Wir alle haben mit unserer eigenen tödlichen Krankheit zu kämpfen, bis es uns gelingt, eine Kur zu erlangen. Ich versuche, meinen eigenen Fall zu verstehen; alles, was ich begreife, ist, daß Schmerz und Scham über schlimmes Tun einen harten Keil des Unbehagens ins Herz des Lebens treiben. Von Zeit zu Zeit spüre ich eine geringe Besserung meines Zustandes, aber bis zur vollständigen Heilung ist es noch ein weiter Weg. Mitchell rät mir zur Geduld und versichert, daß der Heilungsprozeß sehr wahrscheinlich bessere Fortschritte machen wird, je öfter es mir gelingt, nicht mehr über ihm zu brüten und mich völlig dem Leben um mich herum zu öffnen. Ich weiß, daß es ein guter Rat ist, und ich befolge ihn mit recht unterschiedlichem Erfolg.

Nun – und hier frage ich mich, ob jene, die einen vollständigen Bruch mit der Erde befürworten, nicht im Recht sind – habe ich erfahren, daß eine recht beunruhigende Enthüllung, die meine Familie betrifft, an die Öffentlichkeit gelangt ist, und das setzt mir sehr zu. Ich weiß, daß sie nach einem Leben in anständiger Mittelmäßigkeit begraben geblieben wäre, und niemand hätte nach ihr gefragt – nicht so im Scheinwerferlicht des Ruhms. Ruhm! Ich bemühe mich nun um Aufrichtigkeit diesem Thema gegenüber. Ich wollte ein berühmter Mann sein und sah die Situation im Osten während des Ersten Weltkrieges als eine Chance und wie dazu geschaffen, sie für meine Zwecke auszunutzen. Ich nutzte sie auch aus, auf jede spitzfindige und verdeckte Weise, die sich nur anbot; ich lauerte auf meinen eigenen Vorteil und arbeitete und plante auf die für mich günstigste Gelegenheit hin. Alles das begrub ich in einem unruhigen Gewissen. Sicherlich, ich liebte mein Vaterland und wollte ihm dienen, aber ich wußte, daß ich in jedem Leben sündigen würde, das ich meinen Ambitionen opferte. Am Ende hatte mein Erfolg viele Menschen das Leben gekostet, und aus den Hoffnungen, die ich erweckte und dann zu erfüllen versäumte, resultierten vielleicht Jahre dauernden Unheils, sogar für jene, denen ich am meisten gut zu sein wünschte. Dieses Versäumnis hatte für mich stets den Geschmack des Verrats, und es vergiftete alle meine Leistungen und Errungenschaften. Es vergiftete mein ganzes folgendes Leben auf der Erde, und jetzt muß ich erkennen, daß die Folgen meines Ruhms allen jenen schaden, die ich liebte.

Zuerst glaubte ich, niemals den tiefsten Grad der Demütigung erreichen zu können, auf dem erst ich in der Lage wäre, diese Judaslast zu tragen. Ich empfand mich selber nicht mehr als passende Gesellschaft für meine Freunde, daher habe ich die Universität verlassen, um bei Mitchell Rat zu suchen und zu sehen, was die Einsamkeit meines Häuschens für mich tun kann. Mitchell sagte: «Sieh mal, Scott, es *gibt* eine Lösung; man muß einfach lernen zu akzeptieren, was man ist, und vergessen, was man wünschte, das andere in einem sähen. Man muß sich selbst hinunterschrauben auf sein richtiges Maß und seine Existenz auf diesem niedrigeren Niveau anerkennen, um dann geduldig und frohgemut einen neuen Anfang zu machen. Versetze dich in deine früheren Tage zurück; versuche herauszufinden, wie du deine eigene Legende um dich zustande brachtest, und dann fange an, danach zu leben. Versuche, den wahren Menschen hinter dieser Fassade zu entdecken, dann wird dir die Ursache deines Versagens klar vor Augen stehen. Ich glaube, du kennst sie bereits.»

Seine Worte berührten die wunde Stelle in meiner nach Demütigung schreienden Seele, und ich ging von ihm fort geradewegs in mein Häuschen, in dem ich nun meine Zeit mit intensivem Nachdenken verbringe. Er hat recht, natürlich; ich muß meine Schritte im einzelnen bis an den Anfang der Legende zurückverfolgen und den echten Menschen finden und akzeptieren, der von ihr begraben wurde. Ich bin dieses schwächlichen Lamentierens über Sünde und Schuld überdrüssig. Mitchell meinte: «Erinnere dich stets, es gibt keine Schuld, es gibt nur Ursache und Wirkung», und darüber mache ich mir Gedanken. Sind alle diese Selbstbezichtigungen vielleicht auch nur eine pervertierte Form des Eigendünkels? Es steht fest, daß niemand das volle Gewicht der Verantwortung für alle Folgen seiner Handlungen auf der Erde tragen kann. Dieses und jenes habe ich falsch gemacht, ich habe falsch geurteilt, ich war blind, ich war streng und ungerecht. Alle diese Dinge wirken weiter und tragen ihre ganz bestimmten Früchte in den Abläufen auf der Erde. Ich habe nicht länger mehr Einfluß auf diese Auswirkungen; selbst wenn ich noch auf der Erde wäre, könnte ich dieses Muster nicht mehr verändern. So ist das, dem ich hier und jetzt ins Auge zu blicken habe, dreifacher Art: erstens mein Wissen um das, was ich Böses tat; dann mein Wissen um dessen fortdauernde Folgen auf der Erde; und schließlich meine Kenntnis darüber, was es aus mir gemacht hat, die sichtbaren, fühlbaren Beweise, die ich an mir trage, sichtbar auf meiner gegenwärtigen körperlichen Gestalt.

Ich beginne zu spüren, daß mein jetziges Dilemma nur im Licht der Vermächtnisse meiner vergangenen Existenzen ordentlich bewältigt werden kann. In Verbindung mit den beiden ersten meiner Schwierigkeiten gibt die Reinkarnation mir die Gewißheit, alle diejenigen einmal wiederzutreffen, die durch meine Taten leiden mußten. Dies wird sich in einer Zukunft ereignen, die durch gewisse Veränderungen gekennzeichnet ist, die den Beeinträchtigungen meines Lebensmusters durch mich selbst entsprechen. Daraus ergeben sich zwei Dinge: Zum ersten werde ich mich erneut mit meinem eigenen Schatten auseinanderzusetzen haben und erhalte zum anderen gleichzeitig eine neue Chance, ihn zu bezwingen. Was das dritte Resultat betrifft, der zwangsläufige Stempel meiner Handlungen auf meinem eigenen Körper, werden mir hier auf barmherzige Weise Zeit und Gelegenheit geboten, ihn davon zu reinigen und zu säubern.

Sobald jemand auch nur einen winzigen Anteil an den Belangen der Öffentlichkeit nimmt, haben die Folgen seiner Fehler und Verirrungen ebenfalls öffentlichen Charakter. Normalerweise sind uns Einblicke in die Geschehnisse auf der Erde, selbst wenn sie unsere eigene Person und unseren Ruf betreffen, nicht zugänglich; sie sind uns verborgen, und das wahrscheinlich aus gutem Grund. Ich habe mich aber dazu entschlossen, wissen zu wollen; ich habe Furcht und Leiden mit den Freuden über befriedigte Eitelkeiten, wenn der Glücksstern günstig steht, zu konfrontieren und zu versuchen, die Gegensätze auszugleichen. Mitchell meint, daß das Mißverhältnis scheinbarer Auswirkungen eine Illusion sei; daß «im Rampenlicht der Öffentlichkeit stehen» nicht bedeutet, daß die Taten eines Menschen, wie schlecht sie auch immer sein mögen, nun automatisch abscheulicher sein müßten als jene, die ein Individuum im privaten Lebensbereich begehen könnte, wenn diese auch scheinbar nur einen kleineren Umkreis in Mitleidenschaft ziehen. Es ist tatsächlich so, daß auf unserer Meßskala Begriffe wie groß oder klein unmöglich zu bestimmen sind, und lediglich die Einbildung, in der Welt etwas Aufsehenerregendes vollbringen zu müssen, läßt uns meinen, daß unsere Sünden oder Tugenden größere Bedeutung haben müßten als die anderer Leute. Ich brauche Mut, um all dieses offen und ehrlich betrachten zu können; notgedrungen mache ich mir eine qualvolle Demut zu eigen, aus der sich jedoch eine Art von Tapferkeit zu entwickeln beginnt. Es kann schon gut zutreffen, was Mitchell sagt: daß es lediglich einmal wieder meine Eitelkeit ist, die mir ein Bein stellt, und sonst nichts.

Das Ergebnis dieser eingehenden Untersuchung ist die Überzeugung, welch übergeordnete Bedeutung der Theorie der Reinkarnation zukommt. Ich muß mehr über das Gesetz des Karma in Erfahrung bringen – wie es funktioniert und wie weit es für die Veränderungen und Möglichkeiten auf der Erde verantwortlich gemacht werden kann. Nicht etwa, daß ein derartiges Wissen mich von meiner vollen Verantwortung entbinden könnte; es wird sie lediglich über eine Reihe vieler anderer Leben verteilen, da es ganz so aussieht, als präsentiere jedes nachfolgende Dasein gleichartige Problemstellungen und böte gleichzeitig neue Gelegenheiten zu ihrer Bewältigung an.

Warum sollte aber nun jemand über Fehlern und ungenutzten Chancen brüten, wenn letztendlich vielleicht doch jeder von uns einmal hierherkommt, wo seine Lebensbedingungen erfreulich und seinem Wesen zuträglich sind? Dieses Tagebuch möchte auf diese Frage eine Antwort geben. *Was ein Mensch sät, wird er ernten* – das gilt wahrhaftig für jede Veränderung, deren sich der menschliche Geist unterziehen kann. Es gibt keinen vergessenen Fleck im grenzenlosen Universum, in dem dieses Gesetz keine Gültigkeit besäße. Es existiert aber noch ein weiterer Grund, um die außerordentliche Wichtigkeit des irdischen Lebens noch einmal ausdrücklich zu betonen. Es scheint so, als sei es das gestaltende Element im Zyklus der Entwicklung, das dem Wesen seine Form verleiht und in welchem allein sich das wahre Wachstum des Geistes vollziehen kann. Sobald das Dasein auf der Erde beendet ist und man hierher gelangt, versetzt das Gesetz der Wesensverwandtschaft den Menschen in die Verhältnisse, die ihm entsprechen, und die allgemeine Erleichterung seiner Lebensbedingungen beseitigt alle äußeren Konfliktquellen. Der Kampf um die Erhaltung der Existenz ist nicht mehr notwendig. Unsere Arbeit hier gleicht eher einer Art ständigen Großreinemachens. Wir können, ja müssen aus Regionen, in denen unsere Charakterfehler und Schuldgefühle toleriert werden, aufsteigen in jene Sphären, in welchen wir uns von diesen irdischen Makeln zu reinigen haben. Aber auch, wenn es uns gelingt, uns zu säubern und unser Wesen während des Aufstiegs in immer höhere Himmelsregionen nach und nach zu läutern, bis wir wieder den Seinszustand reinen Geistes erreicht haben, wird dieser Geist hier keine weiteren Fortschritte in seiner Entwicklung mehr machen können. Was wir von der Erde als Gepäck mitbringen, bleibt uns samt und sonders erhalten, also ist unser Schicksal eng verbunden mit unseren irdischen Erfahrungen; nur im Kampf und im Getümmel des Lebens dort können wir wirkliche Veränderungen an unserer spirituellen Gestalt bewirken. Ergo muß die richtige Arbeit auf der Erde geleistet werden, wenn auch diese zwischengeschobene Periode hier eine wundervolle Abwechslung bedeutet.

Wenn für uns die Zeit kommt, uns aus dieser Sphäre entfernen zu können, um weiterzugehen, werden wir in der Lage sein, uns unsere vergangenen Erdenleben ins Gedächtnis zurückzurufen – so wurde mir gesagt. Dieser Tag wird für mich noch nicht so bald anbrechen, weil ich weiß, daß ich noch viel abgeklärter gegenüber meinen irdischen Erfahrungen werden muß, bevor ich fähig sein werde, diesem vertieften Wissen um mich selbst ins Auge blicken zu können und es zu verarbeiten. Ich muß mich noch auf so viele Probleme konzentrieren, daß mir eine erweiterte Vorstellung des Schöpfungsbegriffes und des ewig währenden Prozesses, in welchem der Mensch sich selbst und seine Welt schafft, langsam zur Notwendigkeit wird. Zumindest der allgemeine Grundriß dieses Vorganges ist mir inzwischen einigermaßen klar geworden, und ich möchte im folgenden versuchen, ihn zu erläutern.

Es muß sich um etwas in dieser Art handeln: Als der primitive Mensch auf der Erde erstmalig in einer erkennbaren menschlichen Gestalt erschien, führte er dort wahrscheinlich ein kämpferisches und sehr kurzes Leben. Nennen wir dies seinen ersten Lebenszyklus – Leben A. Er stirbt und findet sich hier auf diesen Ebenen wieder. Es ist anzunehmen, daß er nicht in der Lage ist, hier weiterzukommen, also kehrt er ziemlich rasch zurück, um Zyklus B zu beginnen. Jetzt ist er bereits ein komplexeres Geschöpf und sein Wesen ein Kompositum aus beiden Existenzen, daher könnte man Leben B angemessener mit BA bezeichnen. Der Vorgang wiederholt sich; er kommt zurück zur Erde, Zyklus C beginnt, und er ist nun das zusammengesetzte Wesen CBA. Bei jeder Rückkehr hierher nach seinem irdischen Tode wird der Mensch bestrebt sein, größere Fortschritte zu machen, um der Erde länger fernbleiben zu können, während sein spirituelles Wesen eine ständige Bereicherung erfährt durch irdische Erfahrungen, und bei jeder Wiederkehr zur Erde zeigt sich eine ausgeprägtere, vielseitigere Persönlichkeit.

Da er in sich zwar nicht die *Erinnerungen* an seine vergangenen Existenzen, sondern nur die tendenziösen Neigungen trägt, die die Vergangenheit in sein Wesen eingegraben hat, werden seine Erdenleben sehr wahrscheinlich durch ein typisches Grundmuster gekennzeichnet sein; es wird ihn von Leben zu Leben zu den gleichen Problemstellungen und Schicksalskrisen ziehen, wenn sich auch jedes Dasein in den verschiedenartigsten Epochen der Weltgeschichte oder unterschiedlichen Ländern und Völkern abspielen kann. Dennoch wird sein eigenes charakteristisches Muster als Reaktion auf Umgebung und Lebensumstände wiederkehren, bis er die Schwächen überwunden hat, die es immer wieder herausgefordert haben. Setzt er die Angewohnheit, seine Prüfungen nicht zu bestehen, fort, wird es sicherlich auch weiterhin sein treuer Begleiter sein.

Ich hörte von einem Mann, der fortgesetzt von Leben zu Leben während seiner Jugend in der Schlacht getötet wurde. Kein einziges Mal brachte er es fertig, sich so zu verhalten, daß er diesem Schicksal entgehen konnte. Das Älterwerden hat er niemals kennengelernt und wird es wohl auch nicht tun, bis er gelernt hat, dem aggressiven Impuls im Moment der Krise zu widerstehen und ihn zu bemeistern, um auf diese Weise sein Schicksal zu besiegen. Dann wird sein Muster eine andere Struktur annehmen und endgültig verändert sein. Er wäre in der Lage, seinen Weg zu Ende zu gehen und die Reifeprüfungen zu bestehen, die er bis heute nicht ablegen konnte. Dies ist sicher ein extremes Beispiel, aber das karmische Gesetz, das es dokumentiert, kann viele der seltsamen Windungen des Schicksals und die ansonsten unerklärlichen Tragödien menschlicher Existenz verständlich machen.

Eine weitere Folge von Karma ist die Weise, in der jedes Erdendasein die Grundzüge der vorangegangenen Existenzen in der Reihenfolge ihres ursprünglichen Ablaufs zusammenfaßt. Man denke daran, daß es immer schon allgemein bekannt war, daß der Embryo im Mutterleib jede Phase menschlicher Evolution nachvollzieht und die Geburt erst dann stattfindet, wenn die Stufe des Menschseins vollständig erreicht ist. Es scheint so, daß diese Wiederholung nach der Geburt in gleicher Weise vonstatten geht, die vor-bewußten Leben während der frühen Kindheitsperiode rekapituliert werden und die späteren Existenzen Jugend und junge Männer oder Frauen beeinflussen. Bei dem phänomenalen Wachstum des Kopfumfangs während der frühen Kindheit beispielsweise kann es sich ohne weiteres um die Zusammenfassung einer Periode gesteigerter geistiger Entwicklung in der Zeit des Frühmenschentums handeln. Oft kann man in späteren Daseinsperioden der Menschen scharf ausgeprägte Lebensabschnitte beobachten, plötzliche, unvorhersehbare Abweichungen von früheren Lebensgewohnheiten und Verhaltensweisen, die sich niederschlagen in Veränderungen des Tätigkeitsfeldes und manchmal fast des Temperamentes, sobald jedes vergangene Leben seinen Einfluß beginnt geltend zu machen. Welche Möglichkeiten zum Studium dieser Vorgänge sind hier gegeben! Es ist nicht verwunderlich, daß wir soviel Zeit in unseren Universitäten zubringen, um Anhaltspunkte zusammenzutragen und etwas von diesem wunderbaren Prozeß zu begreifen versuchen, der da am Werke ist.

Die Geschichte der Menschheit auf dem Planeten Erde währt noch nicht lange genug, um jedem von uns die Gelegenheit zahlreicher Auftritte in historischer Zeit ermöglicht zu haben, obgleich die gewaltigen Zeiträume, während derer der Mensch sich aus einem unbewußten Stadium empor in einen bewußten Seinszustand arbeitete, Zeugen regelmäßiger Wiederverkörperungen in sehr kurzen Zeitabständen gewesen sein müssen. Man stelle sich einen Menschen vor, der vor dem

Beginn seines achten Zyklus steht; er kehrt zum Zyklus H auf die Erde zurück, und dieses Dasein ist modifiziert durch alle früheren Existenzen, so daß es sich darstellt als Leben HGFEDCBA. Somit hat er sich durch sieben Lebensphasen zu arbeiten, bevor er sich seinem aktuellen Dasein und der eigentlichen Aufgabe des Lebens H widmen kann. Er wird die komprimierten Tendenzen dieser sieben früheren Verkörperungen als eine Bereicherung seiner gegenwärtigen Persönlichkeit erfahren; seine Individualität hat sich zusehends vertieft – vielleicht birgt sie viele verwickelte, schwierige Probleme, die zu ihrer Lösung der Möglichkeiten eines neuen Lebens bedürfen; vielleicht handelt es sich auch um ein reifes, reiches Individuum, das seinen Problemen in früheren Lebzeiten mit Mut und Entschlossenheit begegnete. Was immer er auch aus den Herausforderungen eines jeden Daseins gemacht hat, wird ihm als kraftvolles Vermögen oder schwächliche Unfähigkeit, den Aufgaben des aktuellen Lebens zu Leibe zu rücken, erhalten bleiben. Fest steht, daß sich ihm die Lektionen, die zu lernen und zu bewältigen er versäumte, im Leben H in moderner Form wiederum präsentieren werden; weigert er sich erneut, setzt sich dieses Muster unverändert fort, so daß er im folgenden Dasein noch einmal mehr mit ihm konfrontiert wird und eine neuerliche Herausforderung erfährt. Was wir dabei in Betracht zu ziehen haben, ist die fortschreitende Komplizierung des Lebensmusters, seine wachsende Vielfältigkeit und Feinheit und allem voran die große Gnade, die Versagen und Schuld niemals endgültig und unwiderruflich sein läßt. Karmische Schulden können nur beglichen werden, sobald uns die Gnade und Kraft zuteil werden, sie selbst abzutragen; die Gelegenheiten dazu erhalten wir durch diesen unvermeidlichen Prozeß ständiger Wiederholungen.

All dies berührt mich zutiefst, und ich versinke in Gedanken darüber; vor meinem inneren Auge erschaue ich den langen Paradezug menschlichen Fortschritts, ich kann beobachten, wie der Mensch sich aus dem Sumpf erdgebundenen Vegetierens emporarbeitet und verliert in immerfort sich erweiternden Himmelssphären, um schließlich dem Blick zu entgleiten und einzutauchen in eine gestaltlose, ewige Herrlichkeit. Das Paradoxon des periodischen Abstiegs einer rein geistigen, zeitlosen Wesenheit in die Materie und in die Gesetzmäßigkeiten der Zeit drängt sich dem Verstehenwollen auf. Hier stehen wir vor einem Rätsel – der Rückkehr des Zeitlosen in den Strom der Zeit, des Immateriellen in das Gefängnis der Materie. Es gibt nur einen Weg, diese Zusammenhänge richtig zu erfassen: Das Mysterium dieses Abstiegs in Stofflichkeit und Zeit entschleiert sich nur, indem man es durchlebt.

Das Gefühl der Dauer, die die Maßeinheit eines jeden Individuums für den Fluß der Zeit bildet, wird auf der Erde durch äußere Normen kontrolliert und reguliert, die den Bewegungen der Erde und dem Stand der Sonne entsprechen; von daher ist dort Zeit ein äußerst formalisiertes Konzept, das sich über das individuelle Gefühl von Dauer hinwegsetzt. Hier bei uns fehlen die äußeren Kontrollmechanismen, und wir beginnen zu spüren, daß unsere Empfindung von Dauer eine Funktion unseres Bewußtseinsstandes ist und sich verändert, sobald sich der Gesichtskreis dieses Bewußtseins erweitert. Mit anderen Worten: Das Zeitmaß des Lebens beschleunigt sich bei unserem Aufstieg, und daher erfolgt der Wechsel aus der Zeit hinüber in die Zeitlosigkeit ganz allmählich, sobald wir für diese Veränderung präpariert sind. Meine Erfahrungen hier haben mir gerade erst die Einsicht in die Anfänge dieser Abstufungen vermittelt. Bis zum gegenwärtigen Zeitpunkt – und man muß berücksichtigen, daß ich noch nicht sehr weit fortgeschritten bin – habe ich gerade ein Stadium des Bewußtseins erreicht, in dem ich einen großen Unterschied zwischen meinem eigenen Lebensrhythmus und dem Tempo aller meiner Bewegungsabläufe gegenüber denen von Menschen auf der Erde wahrnehmen kann. Vorausgesetzt, daß sogar auf der Erde die Rhythmen der Menschen variieren, und wenn man einmal die Erfahrungen als Führer in der Arbeit mit einem Medium zugrunde legt, muß ich feststellen, daß ich es nur unter größten Schwierigkeiten schaffe, das Maß meiner Ausdrucksmöglichkeiten zu verlangsamen für die Arbeit mit einem Geist, der noch abhängig ist von den Bedingungen der Erdatmosphäre. Es ist ermüdend, strapazierend, und manchmal glaube ich, es sei unmöglich, aber dann klappt es gerade noch. Ich kann mir vorstellen, daß auf einer höheren Ebene eine Kommunikation durch Worte undurchführbar wird und statt dessen lediglich ein blitzartiger Gedankenaustausch erfolgen kann.

Aber zurück zu dem Punkt, der das Herzstück des Mysteriums bildet und mich von daher fasziniert: Was soll man von der Rückkoppelung des Geistes als eines zeitlosen Wesensprinzips an die Zeit halten, nämlich dann, wenn er gezwungen ist, in einen materiellen Körper zurückzukehren und sich erneut in die Abhängigkeit von Zeit und Raum zu begeben? Da liegt des Pudels Kern. Ich kann nur vermuten, daß die Seele – nun ihrem Schicksal in Schlichtheit und Demut ergeben – nach Erreichen der letzten Stufe der Läuterung, wenn die unechten Begrenzungen durch das Ego aufgehoben sind und allein noch der wesenhafte, uneingeschränkte Geist übriggeblieben ist, in den Strom des Lebens zurückgetrieben wird. Sie hat dort zu lernen, zu leiden, zu genießen und zu wachsen in der Zwangsjacke erdgebundener Bedingungen aus Raum und Zeit.

Nun, wie kann mir das alles bei meinen speziellen Problemen weiterhelfen? Zum einen korrigiert es mein Gefühl für Größenverhältnisse und stellt die Ereignisse einer Lebensdauer an ihren rechtmäßigen Platz als Teil einer Sequenz, in der ihnen lediglich eine Langzeitbedeutung zukommt. Um was es sich dabei handelt, werde ich erst dann völlig verstehen können, wenn ich das ganze Gebilde überschauen kann, und für diese umfassende Vision meiner selbst bin ich noch nicht reif. Aber es hilft mir in noch weitaus nachdrücklicherem Maße: Es hat mich gelehrt, daß eine Zeit kommt, in der mir eine neue Gelegenheit zuteil wird, mit meinen Schwierigkeiten fertig zu werden, meine Schulden zu begleichen und ich es – hoffentlich – vermeiden kann, mir eine weitere Schuldenlast aufzubürden. Sieht man die Dinge auf diese Weise, erwächst daraus Hoffnung. Zudem sagt Mitchell, daß, wenn die Aufeinanderfolge der Vergangenheit sich einst vor mir entrollt, in ihr ebenso viel Gutes wie auch Irrtümer und Fehlschläge enthalten sein werden; jedoch wäre ich dann in der Lage, diese Dinge mit einer gelassenen Seelenstärke, ohne Euphorie über das eine oder Verzweiflung über das andere, ins rechte Lot zu bringen. Schon jetzt, wenn ich im Licht meiner langen Vergangenheit über einzelne meiner Fehler nachdenke und mich selbst hier stehen sehe, in der Mitte zwischen Vergangenheit und Zukunft, wie ich mich bereits den hellen Horizonten anderer, zukünftiger Zeitalter entgegenstrecke, fühle ich Trost, Frieden im Annehmen der Dinge und ein Leichterwerden der unerträglichen Last, die aus der Person besteht, die ich auf der Erde war, und der Legende um mich, die ich nährte und von der ich lebte.

Es gibt noch einen weiteren Aspekt der Wiederverkörperung, dessen ich mir gerade erst bewußt geworden bin. Nach unserem Tode kommen wir hierher in einer Gestalt, die der irdischen sehr ähnelt und die Gebrechen und Mängel unserer Erdenkörper in sich trägt. Ein Krüppel beispielsweise findet sich hier mit einem schadhaften Körper ein, und obgleich der Defekt abgemildert und modifiziert wird, bleibt der Mensch für alle erkennbar doch weiterhin dieselbe Person, weder von engelgleicher Schönheit, wenn er im Leben gedrungen und häßlich war, noch von athletischer Statur, sollte er ein kränkelnder Invalide gewesen sein. Die körperliche Beschaffenheit ist von geringer Bedeutung, und das natürlich um so mehr, je weiter die Entwicklung des Geistes fortschreitet, jedoch wird die gleiche wesenhafte Gestalt stets beibehalten, da auf subtile Weise die körperliche Verfassung die emotionale und spirituelle Form eines Menschen bedingt.

Nun könnte man annehmen, daß diejenigen, die mit einem ansehnlichen männlichen Körper auf die Welt kommen, auf ungerechte Weise begünstigt werden; in gewisser Hinsicht ist das richtig, obwohl viele von ihnen durch die Eitelkeit beeinträchtigt werden, die ihre anziehende physische Erscheinung in ihnen erzeugt. Keineswegs ist es unbedingt auch ein Genuß, ihre astrale Form zu betrachten. Aber der Rahmen der Schönheit als solcher besteht bereits, und wenn die Mängel korrigiert sein werden, die das Wesen vorerst noch verzerren, erstrahlt der Mensch wieder in außerordentlicher Lieblichkeit. Aber mit welcher Gestalt auch immer man beginnt: Während des Aufstiegs in die höheren Sphären wird die Erscheinung, ob schön oder häßlich, Schritt für Schritt aufgelöst, und schließlich verliert sich die Form im Licht; das bezeichnet jedoch erst die letzte Etappe einer langen Reise, und unterwegs werden sich schon Mittel und Wege finden, die Unzulänglichkeiten eines dürftigen Körperkleides trotz allem tragen zu können.

Die Wiederverkörperung schenkt uns allen einen neuen Start, einen Körper, neu ausgestattet und weiterentwickelt, und die Verbindung zwischen den Resultaten der früheren Existenz und dieser neuen Gestalt ist sehr wahrscheinlich von enger kausaler Art. Der bedauernswerte Krüppel, der seine körperlichen Mängel tapfer überwunden hat und es verstand, sie in geistige Kräfte und seelische Schönheit umzuwandeln, kann nun in einen Körper gekleidet sein, den Vollkommenheit und Stärke auszeichnen; der stattliche Mann findet sich unter Umständen als Träger einer recht armseligen Gestalt, wenn sein spirituelles Wesen verelendete durch Eitelkeit und Eigennutz. In seiner nächsten Verkörperung wird er vielleicht Lektionen erteilt bekommen, die ihn lehren, wie Krankheit und Häßlichkeit schmecken. In jedem Fall aber wird jeder von uns dem Kerker seiner gegenwärtigen Form entgehen, um einen neuen Zyklus mit einer andersartigen physischen Ausstattung zu beginnen.

Hier ist man der Auffassung – und ich teile diese Meinung –, daß in bestimmten Abständen sehr wahrscheinlich ein Wechsel des Geschlechtes erfolgt. Wie man weiß, sind Männer und Frauen die notwendigen Polaritäten und die zwei Seiten der Schöpfung, und es würde ein traurig-einseitiges, armseliges Wesen sein, hätte es nur Erfahrungen in jeweils derselben geschlechtlichen Form sammeln können. Wir müssen durch eigene Anschauung lernen, wie die andere Seite der Schöpfung lebt; die Kräfte und Fähigkeiten der Frau sind denen des Mannes beizugesellen, die der männlichen Seite dem weiblichen Wesen einzuverleiben. Dieser Wechsel erfolgt stets zur richtigen Zeit, und das ist nicht nur bloße Theorie. Diejenigen, die bereits Einsicht in ihre vergangenen Existenzen besitzen, bezeugen diesen Wandel, und ich selbst habe einige Beispiele dafür sammeln können. Ich besprach diesen Wiedergeburtsaspekt mit Mitchell, und er legt gerade auf diesen Punkt großen Wert. Wir sprachen über die Weise, in welcher sich die Wiederholung von Themen eines vergangenen Daseins als eine Art von Verhängnis im Schicksal des Menschen auswirkt. Die Umkehrung des Geschlechts kann manchmal ein mächtiges Agens bilden, um ein Lebensmuster zu verändern und einem Menschen die Chance zu geben, eine unheilvolle Abfolge von Ereignissen durchbrechen zu können, was sich für ihn ohne diesen Wechsel als zu schwer erwiesen hätte. Mitchell selbst zum Beispiel war einige Male ein Mann, aber ihm scheint klar zu sein, daß sein Lebensmuster ohne die Zuhilfenahme einer weiblichen Erfahrung bei seinem nächsten Abstieg zur Erde nicht verbesserungsfähig ist. Er war es, der auf der Erde niemals über seine Jugendjahre hinauskam, wieder und wieder in Zwistigkeiten geriet und in seiner Jugend im Getümmel von Schlachten sein Leben verlor. Er fühlt, daß ihm das gleiche Schicksal wieder droht, der gleiche ritterliche, angriffslustige Impuls ihn wiederum zur gleichen Handlung verführen wird, würde er noch einmal die Gestalt eines Mannes annehmen. Diese ganz persönliche, besondere Versuchung möchte er bekämpfen, und dabei kann es hilfreich für ihn sein, eine Form zu wählen, bei der die Gefahr verringert wird, um auf diese Weise das hartnäckige Muster endgültig durchbrechen zu können.

Ob nun eine Geschlechtsumwandlung beabsichtigt ist oder nicht: Die Annahme einer neuen Körperform ist eine notwendige Voraussetzung für neue Erfahrungen; sie verändert und bereichert das Wesen auf grundlegende Weise, so daß es offen und frei wird für die Abenteuer neuer Wege. Alle diese Gedanken über die Wiederverkörperung und ihre Auswirkungen vermitteln große Sicherheit in bezug auf die außergewöhnliche Logik und Rechtmäßigkeit der Vorkehrungen für das wesensmäßige und -gemäße Wachstum, die diesen

Vorgang begleiten. Es fällt mir schwer, nicht an einen umfassenden göttlichen Plan zu glauben, in den wir hier so manches Mal einen Einblick erhalten. Sicher, die Förderung der Entwicklung natürlicher Wachstumsprozesse erscheint immer als ein Wunder der Anpassungsfähigkeit an das, was einmal als Endprodukt das Ziel dieses Vorgangs bilden soll; bei der Art und Weise, wie diese Zusammenhänge auf der Erde betrachtet werden, ist es einfach, das Pferd beim Schwanz aufzuzäumen und zu konstatieren, Entwicklung und Anpassung entstünden lediglich durch mechanistische, von Umweltbedingungen beeinflußte Druck- und Spannungsverhältnisse; wir hier sind jedoch im Besitz zusätzlichen Anschauungsmaterials und können diese Streitfrage etwas besser beurteilen, da für uns die Zustände von Druck und Anspannung in unserem Lebensbereich gelockert sind. Wir haben es auch einfacher in unserer Einschätzung der Gegebenheiten, weil uns die Offensichtlichkeit einer planmäßigen Entwicklung klarer vor Augen steht.

Ich kann nun ganz deutlich erkennen, daß unter den idealen Bedingungen unseres «Himmels» lediglich ein Reinigungsprozeß dessen stattfindet, was bereits auf der Erde gestaltet wurde. Ich vermute, daß wir mehr oder weniger alle die Gewißheit spüren, daß es das Ziel der Abläufe im Universum ist, jede Wesenheit sich zur Vollkommenheit ihres eigenen potentiellen Urbildes entwickeln zu lassen. Für mich persönlich erkenne und akzeptiere ich die Notwendigkeit, weitere Erfahrungen auf der Erde in anderen, vielleicht fremdartigeren Formen im Verlauf von Äonen nachfolgender Erdzeitalter machen zu müssen, damit dieses große Ziel in mir erreicht werden kann. Was ist das Ende von alledem? Hier betreten wir unbefugterweise das Territorium der Ewigkeit; es ergibt keinen Sinn, von Ende zu sprechen, wo Unendlichkeit gemeint ist.

KAPITEL 8
Freunde und Partner

Ich möchte jetzt gern über einige meiner Freunde hier berichten, denn während meiner eigenen kritischen Erfahrungen persönlicher Art lebte ich immerhin unter Menschen und besaß gute Freunde.

Seitdem ich die Universität entdeckt habe und mir meine Zeit uneingeschränkt zur Verfügung steht, verläuft mein Dasein in ständigem Wechsel zwischen aktiver Betätigung, d. h. der Herstellung von Büchern gemeinsam mit Thomas, gelegentlichen Perioden einer mehr akademischen Tätigkeit und Zeiten, in denen ich dem Luxus ungestörter Zurückgezogenheit in meinem Häuschen fröne. Das alles ermöglicht mir ein ausgewogenes Leben, in dem die wesentlichen Strömungen meiner Natur in harmonischer Weise zu ihrem Recht kommen. Hier gibt es keinerlei Zwänge und keine Tyrannei durch das Maß der Zeit, und sobald eine Lebensweise ihren Reiz verliert, ist sie ohne Schwierigkeiten durch eine andere austauschbar. An der Universität herrscht daher ein fortwährendes Kommen und Gehen; Studium, Erholung, Kameradschaft – alles das spielt in unserem Alltag hier eine große Rolle, doch häufig verlassen Studenten die Universität, um sich eine Zeitlang zur Abwechslung einmal mit anderen Problemen zu beschäftigen und kehren zurück, sobald ihre Pläne realisiert sind.

Das Salz des Lebens hier wie auf der Erde ist die Kameradschaft unter Gleichgesinnten, und ich hatte das einzigartige Glück, unter den unterschiedlichsten Menschentypen mir verwandte Seelen zu finden; obgleich die Absonderung in verschiedene Daseinsebenen in bezug auf das Entwicklungsstadium einen gewissen Gleichklang schafft, bedeutet das noch lange keine Einförmigkeit der charakterlichen Merkmale.

Über Thomas habe ich bereits gesprochen. Er bildete einen ruhigen, beschaulichen Hintergrund für mein Universitätsleben, und was immer ich auch unternahm – stets achtete ich darauf, daß er an meiner Seite war. Er ist weit davon entfernt, ein bequemer Ja-Sager zu sein; oft legt er sein heilsames Veto ein. Er hält absolut nichts von meinen Anfällen fieberhafter Geschäftigkeit, und wenn er ihre Resultate beurteilen soll, zerpflückt er sie in aller Ruhe in ihre armseligen Bestandteile, und ich kann toben, soviel ich will. Ich bin immer der Amateur, und er ist der Fachmann, der die Dinge beherrscht, und da ich diese Einteilung selbstverständlich akzeptiere, verläuft unsere Zusammenarbeit in einem immer ein wenig unruhigen Gleichmaß ständigen Gebens und Nehmens, das mir sehr viel besser zusagt als jede vergleichsweise ereignislose Gleichberechtigung. Er besitzt ein Gewicht und eine Festigkeit, die meine Glut immer ein wenig abkühlen und in Schach halten, und seine überlegene, vernünftige Art ist für mich ein Prüfstein meiner schwankenden Gefühle. Wenn wir zusammen arbeiten, ist um uns ein stilles Glühen zufriedener Neigung füreinander und geteilten Interesses, das in Fällen bestimmter Meinungsverschiedenheiten Funken freundschaftlicher Rangeleien schlägt und gelegentlich aufflammt in Ausbrüchen unkontrollierbaren Gelächters, wenn meine respektlose Zunge Albernheiten von sich gibt, die selbst Thomas nicht ernstnehmen kann.

Ich verdanke Thomas sehr viel; in Zeiten, in denen meine eigenen Schwierigkeiten mich zur Verzweiflung trieben, brachte mich die Arbeit mit ihm wieder zur Vernunft, denn zu meinem großen Glück ist er bereit, die hitzige Atmosphäre, die ich zuzeiten produziere, zu tolerieren. Er berichtete mir, er sei Angestellter in einem Verlagshaus gewesen und habe sich immer danach gesehnt, einmal in verantwortlicherer Stellung bei der Produktion von Büchern mitwirken zu dürfen. Mangelhafte Ausbildung und das hartnäckige Ausbleiben günstigerer Gelegenheiten verhinderten jedoch ein Weiterkommen. Er heiratete, und von seinem kleinen Gehalt bestritt er die Erziehung zweier Töchter. Seine Frau starb vor ihm, und er schlug sich allein durchs Leben, bis die Mädchen aus dem Haus waren; dann, an einem schönen Frühlingsmorgen, rutschte sein Fuß aus, und ein heranbrausender Autobus setzte seinem Leben ein Ende. Alles das geschah fast gleichzeitig mit meinem eigenen Übergang; ich hatte mich jedoch noch durch die unruhigen Erfahrungen meiner frühen Tage hier hindurchzuarbeiten, bevor sich unsere Wege treffen konnten. Seine Frau, so erzählte er weiter, sei ihm niemals sehr zugetan gewesen, und als er sie schließlich wiederfand, hatte sie bereits neue Verbindungen angeknüpft und war in ihnen sehr zufrieden. So fühlte er sich frei, um der Arbeit nachzugehen, die er immer schon hatte tun wollen und heute so ausgezeichnet zu leisten versteht. Gleichzeitig war er in der glücklichen Lage, den Vorteil einer verbesserten Bildung zu nutzen, den die Universität ihm bot. Welch große Freude bedeutet uns hier diese unschätzbare Möglichkeit, die Frustrationen und Enttäuschungen der Erde auf solche Weise überwinden zu können! Was immer Thomas auch in die Hand nimmt, gelingt ihm leicht und mühelos. Seine beträchtliche mentale Kraft nutzt er mit unerschütterlicher stiller Heiterkeit, und als Handwerker besitzt er Genie. Ich bin stolz darauf, ihn zum Freund und Kameraden zu haben.

Seit einiger Zeit beobachte ich eine völlig untypische Rastlosigkeit an ihm, und es sieht ganz danach aus, als spüre seine warmherzige und liebevolle Natur langsam die Notwendigkeit einer Gefährtin und Kameradin. Ich glaube nicht, daß er lange nach ihr suchen muß; es gibt da ein gewisses junges Mädchen mit einem unbezähmbaren Sinn für Humor an seinem College, das bereits von seiner warmen und zuverlässigen Art sehr angetan zu sein scheint.

Ein Freund, der ganz unerwartet in meinem Leben auftauchte, ist ein junger Mann namens Edgar R., der schon vor sehr langer Zeit hierherkam. Seine Geschichte ist traurig und erklärt seine beträchtliche Aufenthaltsdauer auf dieser Ebene. Ist das Wissen darum, daß er ein Mörder war, so grauenvoll? In einem Augenblick der Raserei tötete er seine Frau, worauf ihn die weltliche Gerichtsbarkeit zum Tode verurteilte mit allen üblichen Begleiterscheinungen von Schande und Gewalt. Ich kann mir die unerträglichen Bedingungen sehr gut vorstellen, in die er zuerst einmal hineingeriet. Scham und Verzweiflung trieben ihn hinunter in die düstersten Regionen der unteren Ebenen, und sein Elend dort war grauenhaft. Er versteckte sich unter den haltlosen, gewalttätigen Bewohnern einer Stadt von übelstem Ruf, in der ständigen Angst, sein Opfer könne ihn aufspüren und zur Rechenschaft ziehen. Dort vegetierte er in der finstersten Hölle, die sich ein Mensch selbst schaffen kann – eine Beute von Angst und Reue. Es gibt jedoch selbst dort gewisse hingebungsvolle Seelen, denen es gelingt, in diese Regionen auf der Suche nach allen, die hilfebedürftig sind, einzudringen; schließlich fanden sie Edgar und konnten ihn dazu bewegen, sich seinen Problemen zu stellen, sein Versteck zu verlassen und seine Frau zu suchen.

Auch sie hatte gelitten. Zorn und Haß ihrem Mann gegenüber hemmten ihren Fortschritt, aber nach und nach half man ihr, die Situation mit anderen Augen zu sehen und zu begreifen. Auch sie traf ein Teil der Verantwortung für das Geschehene, doch diese Zusammenhänge waren ihr verborgen durch die dichten Nebel ihres eigenen Hasses. Diese beiden armen Seelen waren durch das Leid, das sie sich gegenseitig zugefügt hatten, nach wie vor aneinandergekettet, und solches Leid bildet eine fast ebenso starke Fessel wie die Liebe selber. So lange nicht der Haß aus ihren Seelen und die Blindheit von ihren Augen genommen waren, konnten sie nicht frei werden. Keiner von beiden wollte noch etwas mit dem anderen zu schaffen haben, oder zumindest dachten sie in der ersten Zeit so; schließlich jedoch, mit Hilfe derer, die sich auf solcherlei Schlichtungen zwischen kriegführenden Parteien verstehen, waren sie fähig, das Übel in sich selbst aufzuspüren, anstatt es im anderen zu suchen und zu verdammen, und dieser Sinneswandel bewirkte auf geradezu verblüffende Art und Weise die Befreiung. Beide erhielten ihre dem Wesen eingeborene Unschuld zurück; sie erneuerten die lange verlorengeglaubte Jugend und den Reiz ihrer äußeren Erscheinungen, und zu ihrem eigenen großen Erstaunen mußten sie entdecken, daß das Band, das sie in Wirklichkeit miteinander verknüpfte, Liebe war.

Heute leben sie in einer idealen Beziehung zusammen, und die Freude, die sie aneinander haben, erkämpften sie sich durch langes, qualvolles Leid. Die schwerfällige Pfuscherei menschlichen Gerechtigkeitsempfindens wurde ersetzt durch die Gerechtigkeit Gottes. Dabei handelte es sich nicht um die sentimentale Vorstellung einer bloßen Vergebung der Sünden – diese allein würde nichts bewirken –, sondern um eine wahrhaftige Erneuerung durch das Leiden und die Reinigung von den gefährlichen Substanzen im Inneren der Seele, die andernfalls fortfahren würden, die Quellen des Lebens zu vergiften. Obwohl ich mir der schwarzen Flekken bewußt bin, die wie eine undurchdringliche Schlammschicht des Niedrigen und Gemeinen über dieser Welt zu liegen scheinen, bin ich durch viele solcher Geschichten von Rettung in höchster Not und Erlösung überzeugt davon, daß alle diese Unglücklichen zu guter Letzt ihren Weg hinauf in das Sonnenlicht finden und dort an ihrer eigenen Gesundung arbeiten können und werden. Denn Edgar und seine bezaubernde Frau sind glückliche und nützliche Mitglieder unserer Gemeinschaft, und wenn die Zeit dafür reif ist, sieht es ganz danach aus, daß sie ihren Weg gemeinsam fortsetzen können.

Ein anderer Mann, der sich erst kürzlich unserem Kreis angeschlossen hat, ist ein Mensch mit erheblichen geistigen Qualitäten, den Mitchell in sehr schlimmer Verfassung und völlig verloren in einer gefahrenreichen Region vorgefunden hat und für den er mich um meine Hilfe bat. Ich interessierte mich für diesen Mann, denn sein Fall gleicht ein wenig dem meinen, und da Mitchell mich um meinen Beistand fragte, verfolgte ich Tom Harris' Weg mit besonderer Aufmerksamkeit. Trotz seiner Anlagen zu menschlicher Größe blieb er unfähig, sich über seine bescheidenen Anfänge auf der Erde hinaus zu erheben, und diese beständige Frustration seines Willens zur Macht machte ihn zum Zyniker und Menschenverächter. Schließlich trieb sie ihn zu der häufigen Fehleinstellung, daß der Zweck die Mittel heilige, und stellte seine begnadeten Anlagen in den Dienst der Mißachtung und des Hasses gegenüber den gewöhnlichen Daseinsäußerungen menschlicher Existenz. Nur zwei Dinge hielten seine Seele lebendig: Er hatte sich eine dauerhafte Liebe zu schöner Musik bewahren können, und er empfand große Zuneigung zu einer Frau, die fähig war, seine häßliche Schale zu durchstoßen und den Adel in seinem Innern zu entdekken. Nun aber war er hier, kochend von schwarzem Haß und voller Verachtung seinen Kameraden gegenüber, seine starke und großmütige Natur voller Gift bis in ihre Wurzeln hinein.

Tom Harris konnte nicht sofort an den Ort gebracht werden, den wir Mitchells Reinigungsanstalt nennen, aber eine Zeitlang blieb Mitchell ständig in seiner Nähe, und einzelne von uns beteiligten sich an der Therapie und versuchten, sein Vertrauen zu gewinnen. Als er sich dann schließlich davon überzeugt hatte, daß er uns Glauben schenken und einigermaßen sicher sein konnte, uns nicht unbedingt verachten zu müssen, ja, daß er dazu im Grunde eigentlich gar nicht fähig war, erhellte sich ganz allmählich die dunkle Wolke seiner Verzweiflung und seines Hasses. Von Zeit zu Zeit brach es zwar in höchst gefährlicher Weise wieder aus ihm hervor, und wir mußten uns von ihm zurückziehen, bis der Tobsuchtsanfall abebbte. Wir gaben ihm den Spitznamen «Old Vesuvius», und zuerst störte ihn diese freundschaftliche Bezeichnung nicht sehr. Dann aber begann er, sich auf rührende Art und Weise um seine Aufnahme in unsere Gemeinschaft zu bemühen; doch stets, wenn wir es miteinander versuchen und seinen Wunsch erfüllen wollten, erwies sich, daß starke Hindernisse in ihm selbst diesem Begehren entgegenstanden. Mitchell nutzte schließlich eine solche Gelegenheit und klärte ihn darüber auf, wie die Dinge sich bei uns verhalten und welcher Art die Bedingungen sind, die notwendigerweise allen unseren Beziehungen zueinander zugrunde liegen. Ich erinnere mich, daß er uns alle mit seinen wütenden Emanationen vernichten wollte, als ihm klargemacht wurde, daß wir seine Ausstrahlungen nur schwer ertragen konnten; zu dieser Zeit waren sie wirklich stark genug, um uns alle zu vergiften.

Mit der Zeit jedoch schafften wir es, unseren Boden zu beackern; nach und nach begann er, die Schwierigkeiten, die er sich selbst und uns bereitete, zu begreifen, und rasch machte er Fortschritte. Als sich dann schließlich sein prachtvoller Körper mehr und mehr aufhellte und seine Gesundung offensichtlich wurde, war er herrlich anzusehen. Seine fast schüchterne Freude, als er herauszufinden begann, wie er seine immensen Kräfte in nutzbringender Weise anwenden konnte, war wunderbar zu beobachten. Er erwarb sich große Befähigung zur Güte und zu liebevollem Verhalten, die die wahren Begleiter der Stärke sind und die er niemals vorher in sich hatte erschließen können.

Wir alle waren von Tom fasziniert und verblüfft von der Geschwindigkeit und beinahe spektakulären Natur der Verwandlung seiner Ausstrahlung. Mitchell meinte zu mir: «Merke dir, daß dieser Mann von seinen Mitmenschen gefürchtet und gehaßt wurde und daß es das Einfühlungsvermögen einer Frau war, das zuerst die wahre Größe spürte, die wir jetzt in ihm wachsen sehen. Sie wird ihre Freude an ihm haben, wenn sie kommt.» Ich glaube, Mitchell selber freut sich sehr über Tom Vesuvius. Seine Rettungsaktionen sind seine große Leidenschaft, und betrachtet man die Wagnisse und Hasardspiele, die er eingeht, um diese schwierigen Befreiungsversuche durchzuführen und die Wunden und Verletzungen, die sein Körper erleidet, wenn er unseren schädlichen Emanationen trotzt, dann kann man seine heroische Arbeit gar nicht genug würdigen. Ich habe Mitchell scheitern sehen, wenn ein hoffnungsloser Fall seine Hilfe ablehnte, in dunkle, trübe Regionen zurücktrieb, in denen es fast unmöglich war, an ihn heranzukommen. Niemals jedoch sah ich ihn aufgeben, und er wird immer wieder hinausgehen, um in den Grenzgebieten nach Umherirrenden Ausschau zu halten und sie in Sicherheit zu bringen, immer in der Hoffnung, daß sich ein verlorenes Schaf früher oder später wieder innerhalb seiner Reichweite einfinden wird. Sicher ist er nicht der einzige, der sich für diese Art von Aufgabe engagiert; es gibt viele andere aufopferungsvolle Seelen, die gemäß der Zähigkeit ihrer Konstitution und der von ihr abhängigen Zeitdauer, während der sie sich einigermaßen sicher dort unten aufhalten können, die Tiefen der niederen Sphären durchdringen. Gelegentlich helfen auch wir dabei mit, aber während des langen Zeitraumes, seit Mitchell mit seiner Arbeit begonnen hat, konnte er viele Erfahrungen sammeln und versteht es wie kein zweiter, Vertrauen und Hoffnung in den einsamen Wanderern zu wecken.

Aber zurück zu Tom Harris. Er grämte sich fürchterlich um seine Frau, und ihr Kummer um ihn berührte ihn tief, weil sie natürlicherweise die Dunkelheit der Erde nicht zu durchdringen vermochte und nicht wissen konnte, wann er bei ihr war. Zum Glück für seine leidenschaftliche, machtvolle Natur mußte er nicht lange warten, und der Zeitpunkt ihrer Ankunft hier stand bereits fest. Tom war es gelungen, die schwarze

Wolke im Zentrum seines Wesens fast vollständig fortzuwaschen, und schließlich konnte er ihr in seiner wahren Gestalt und Natur gegenübertreten. So endete eine weitere Geschichte überaus glücklich, und ich vermute, daß alle Geschichten hier auf solche Weise ihr Ende finden. Natürlich kann es auch große Enttäuschung geben, wenn ein Mann und eine Frau sich hier wieder vereint finden, nur um ihre wesensmäßige Verschiedenheit feststellen und einsehen zu müssen, daß sich ihre Wege in Zukunft zu trennen haben. Einer mag unter Umständen nicht in der Lage sein, über die frühen Ebenen hinauszukommen, der andere jedoch kann weitergehen; obgleich letzterer sich dem anderen zuliebe wohl eine Zeitlang freiwillig zurückhalten kann, wird früher oder später sein zweiter Körper abgeworfen und der Geist in die Freiheit und zu weiterem Aufstieg entlassen werden müssen. Viele der Verbindungen, die auf der Erde eingegangen werden, sind von solch vorübergehender Art. Gefühle und Loyalität binden Menschen für eine Weile aneinander, die im Grunde keine wirkliche geistige Verwandtschaft besitzen; sobald sie jedoch stark genug sind, der Realität ins Auge zu blikken, können sie sich in Freundschaft voneinander lösen, um weiterzugehen und ihre wahren Partner zu finden.

Was mich betrifft, nun, da ich abgeklärter und beständiger geworden bin, so hängt meine Suche nach einer Gefährtin nach wie vor in der Schwebe. Dieses weibliche Wesen wartet irgendwo auf mich. Ist sie noch auf der Erde? Ist sie mir vorausgegangen? Werde ich sie noch in diesem Zyklus finden, oder muß ich noch viele Menschenalter warten, bis ich wieder zur Erde zurückkehre? Falls sie sich hier und innerhalb meiner Reichweite befindet, werde ich sie finden, es kann aber sein, daß meine sehr heikle und wählerische Art, die mich von gelegentlichen Verbindungen abhält, ein Zeichen für ihre Abwesenheit ist. In der Zwischenzeit werde ich Freude, Nutzen und Zufriedenheit in der Gesellschaft meiner Freunde beiderlei Geschlechts finden und es zufrieden sein, den Zeitpunkt zu erwarten, bis das kreisende Rad des Lebens sie wieder in meinen Gesichtskreis zurückbringt.

Ich hatte die Freude, einige Freunde und Kollegen meiner Militärdienstzeit wiederzutreffen, aber es würde zu weit führen, hier ausführlicher über sie zu berichten. Nur einen von ihnen möchte ich erwähnen, weil sein Eintreffen hier ein nur allzu alltägliches Problem darstellt. Was geschieht mit einer unglücklichen Seele, die ihrem Dasein selbst ein Ende setzt? In vielen, ja fast in allen Fällen bringen Existenznöte und Sorgen, verbunden mit privaten Schwierigkeiten, die Betroffenen um ihren Verstand – so zumindest lauten die gebräuchlichen Mutmaßungen und nachsichtigen Urteile weltlicher Untersuchungsgerichte. Es gibt nur sehr wenige Menschen, deren seelische Konstitution diesen wunden Punkt nicht aufweist, an welchem Selbstbeherrschung und Kontrolle aufhören. Meistens schwächt Selbstmitleid den Lebensmut, und in einer Sturmflut von Verzweiflung und Ratlosigkeit bricht der Damm. Kein Mensch hat das Recht, darüber zu urteilen und zu rechten, denn jeder von uns trägt diesen Schwachpunkt in sich, mag das Leben ihn nun bis an diese Grenze führen oder nicht.

Der Freund, von dem hier die Rede sein soll, wurde fast unmittelbar nach seinem Tode aufgefunden, und ich konnte zu ihm gehen. Er lag in einer Art Betäubung, und mir wurde gesagt, daß er wahrscheinlich für lange Zeit in dieser Verfassung bleiben und nichts dagegen unternommen werden könnte. Wir wachten bei ihm und wollten ihn nicht allein lassen in dieser dämmerigen Halbwelt, in der man ihn gefunden hatte. Es war eine Region, die ich früher selber nur zu genau kennenlernen durfte. Er war nun gezwungen, dort zu bleiben bis zur Wiedererlangung seines Bewußtseins – hätten wir ihn gewaltsam fortgeschafft, wäre sein armer, geschundener Körper den Bedingungen unserer Ebene nicht gewachsen gewesen, und so mußten wir ihn wohl oder übel an Ort und Stelle belassen. Ab und zu kehrte ich zurück und fand ihn stets in demselben stillen Koma, und angesichts seiner astralen Gestalt graute mir beinahe vor seinem Erwachen.

Oft haben Selbstmorde dieses lang anhaltende Koma zur Folge. Tatsächlich handelt es sich dabei um ein barmherziges Atemholen, eine Pause, während der einige Schäden am Emotionalkörper bereits ganz im stillen wieder repariert werden. Es bleibt jedoch diesen Menschen noch genug zu tun übrig, sobald sie ihr Bewußtsein wiedergefunden haben. In diesem Fall bat Mitchell mich, in periodischen Abständen nach ihm zu sehen, damit er im Moment des Erwachens ein vertrautes Gesicht vor sich sähe.

Bei einem dieser Besuche fand ich ihn nicht mehr am gewohnten Orte vor. Ich kenne die Qualen dieser Agonie der Einsamkeit und des «Verlorenseins» in jener

Welt zitternder Schattengebilde und machte mich unverzüglich auf die Suche nach ihm. Ich brauchte meinen Füßen nur zu befehlen, mich rasch und geradewegs in die Richtung meines starken Wunsches zu tragen – und schon konnte ich seine hohe, schwankende Gestalt im Nebel ausmachen. Ich rief ihn an, und er ließ mich näherkommen, es war jedoch schwierig, mich ihm verständlich oder gar sichtbar zu machen. Sein Körper war in der Tat so erbärmlich entwickelt, daß ihm seine neuen Sinne noch wenig nutzen konnten. Mit einiger Mühe brachte ich ihn dazu, mit mir zu kommen und führte ihn in eine etwas freundlichere Gegend; hier sank er zu Boden und mußte erneut eine Pause einlegen. Das Gefühl der wohlmeinenden Gegenwart eines anderen Menschen beruhigte ihn, und schließlich sagte er mir, daß er sie als die meine wiedererkannt hätte. Dann umfing ihn wieder tiefer Schlaf. Eine Zeitlang beobachtete ich ihn noch, dann wurde mir klar, wie bodenlos tief sein Schlummer war und daß er wohl lange Zeit nicht wieder erwachen würde; so verließ ich ihn widerstrebend.

Es würde ziemlich ermüdend sein, wollte ich seinen langsamen, mühevollen Fortschritt im einzelnen beschreiben. So oft wie möglich war ich bei ihm, und während seine Sinne sich entwickelten und sich sein Körper kräftigte, konnte ich ihn nach und nach in bessere Lebensumstände bringen. Es galt viel Trübsal und Kummer aufzuklären; Gefühle der Reue über seine Schwäche, Leid und Furcht – alles das muß geheilt werden. Noch ist er nicht fähig, in Mitchells «Kurheim» überzusiedeln, aber langsam zeigen sich schwache Anzeichen einer neuen Schönheit und Anmut, und ich hoffe auf ein baldiges, beschleunigtes Vorwärtskommen.

Ich hörte von der Theorie, daß Selbstmörder sich bis zu dem Zeitpunkt im Koma befinden, an dem sie eines natürlichen Todes gestorben wären. Dies ist eine jener Mutmaßungen, für die schlüssige Beweise nicht möglich sind, da niemand sagen kann, wann genau ihre Stunde geschlagen hätte, wenn sie sie nicht vorweggenommen hätten. Tatsache ist immerhin, daß dieser Zustand der Bewußtlosigkeit von unterschiedlicher Dauer ist, jedoch machen auch viele Menschen lang anhaltende Koma-Perioden durch, die eines gewaltsamen Todes gestorben sind. Ein Selbstmörder unterscheidet sich jedoch von solchen dadurch, daß seine emotionale Verfassung für gewöhnlich weitaus schlechter ist und viel mehr Zeit zur Klärung benötigt; in beiden Fällen kann eine längere Periode der Bewußtlosigkeit nach dem Tode hinzukommen. Doch Zeit ist ein relativer Begriff, und die Dauer dieser Dunkelheit ist für den Erleidenden unwesentlich. Schließlich muß er erwachen und die Notwendigkeit akzeptieren, sich selbst tauglich zu machen für den Eintritt in seine eigene, ihm artverwandte Daseinssphäre. Dort allein kann er existieren und wirksame Hilfe erhalten. Oft vergeht eine lange Zeit der Rekonvaleszenz, bevor er von den Sünden und Qualen seines gewaltsamen Endes befreit ist.

Es liegt auf der Hand, daß jene, die ihm Hilfestellung geben, ihren Tribut mitfühlenden Leides zu entrichten haben, aber wir wissen um das Ende, und das wird glorreich sein. Es kann so etwas wie ein endgültiges Versagen nicht geben; das ist der große Vorteil, den die Erde uns bietet. Selbst ein Rückfall kann immer nur vorübergehender Natur sein, und niemals gibt es irgendeinen Grund zum Verzweifeln. So sehe ich voller Freude dem Tag entgegen, an dem D. unter uns sein wird als ein glückliches, vollkommenes Wesen, das alle seine Fehler und Sorgen weit hinter sich gelassen hat.

Kapitel 9
Unsere Welt und ihre Bewohner

Es sieht danach aus, als ob ich mich bisher ausschließlich mit den Menschen und ihren Schicksalen hier beschäftigt und dabei ganz vergessen habe, sie mit einem soliden Fundament auszustatten, auf dem sich ihr Leben abspielen kann. Ich will nun versuchen, diese Unterlassungssünde wiedergutzumachen.

Mit Ausnahme der dämmerigen Irrealität der Grenzregionen erscheint unseren Sinnen der Grund und Boden, auf dem wir uns bewegen, ebenso fest und wirklich zu sein, wie es der Planet Erde für seine Bewohner ist. Die Grenzgebiete sind sehr wahrscheinlich lange nicht so weitflächig, wie es zunächst aussieht, denn wir gelangen zu einem Zeitpunkt dorthin, an dem unsere neuen Sinne noch nicht richtig in Tätigkeit treten können; ohne Zweifel erscheint das Land jenen, die sich dort häuslich niederlassen, völlig realistisch. Sobald sich unser neues Wahrnehmungsvermögen entwickelt und sich ihren Bedingungen angeglichen hat, präsentiert sich uns diese Welt mit einer soliden Oberflächenbeschaffenheit und den gleichen physischen Merkmalen in ihrer bunten Vielfalt wie auf der Erde auch – bedeckt von Gras, Bäumen und Blumen. Sicherlich, diese hier sind von feinerer Struktur und leuchtenderer Schönheit. Auch hier spielen wohl wieder unsere mehr ätherischen Sinne eine entscheidende Rolle, die uns die Kontraste zu den Gegebenheiten auf der Erde so viel drastischer empfinden lassen, vielleicht jedoch unterscheiden sich auch objektive und subjektive Realität hier tatsächlich voneinander. Ich möchte kein sentimentales Paradies zeichnen, aber es ist wirklich schwierig, es zu vermeiden. Hier liegt eine ruhige, heitere Harmonie über allen unseren Lebensbedingungen. Auf der Erde beispielsweise kann man in recht kurzer Zeit aus dem Herzen der schmutzigen Hölle einer Industriestadt in ihre reinlicheren, blühenden Vororte und von da weiter hinaus ins offene Land wandern, hier jedoch sind solche schmutzigen Höllen in die niederen Ebenen hinunter verbannt und werden von jenen bevölkert, die sich in einer derartigen Umgebung sicher und heimisch fühlen; die angenehmeren Landstriche liegen weit von diesen Orten entfernt. Hier in unseren Breiten trifft man auf prächtige Städte, ausgestattet mit allem, was sich ein urbaner Stadtmensch nur wünschen kann: herrliche Bauwerke, Kirchen, Bibliotheken, Galerien gibt es und alle denkbaren Annehmlichkeiten der Zivilisation für jene, die sie in Anspruch nehmen wollen. Man sieht weite Flächen lieblichen Landes mit Parks und vornehmen Landhäusern, zerklüftete, wilde Bergregionen und

Moore, Flüsse und Seen von unvergleichlicher Schönheit.

Die Notwendigkeit, Nahrungsmittel herstellen und konsumieren zu müssen, ist nicht länger mehr ein Faktor unseres ökonomischen Systems. Kleidung und Luxusgegenstände sind frei erhältlich für alle die, die sie gern besitzen möchten; Gier jedoch, die sich in so müheloser Weise befriedigen läßt, stirbt schon bald an Übersättigung. Extreme Temperaturschwankungen gibt es hier nicht, somit entfällt ein weiterer Antrieb zur Begehrlichkeit. Die Tatsache, daß kein Mensch Nahrung, bestimmte Kleidungsstücke oder Hausgeräte wirklich *benötigt,* beseitigt die Spannung der Menschen untereinander und die Furcht vor einem engen Zusammenleben; diese Freiheit und Bedürfnislosigkeit bewirken, daß Habsucht und Gier zum größten Teil aus unserem Lebensbereich verschwunden sind, was beweist – falls dafür ein Beweis überhaupt nötig ist –, in welch umfassender Weise die Begierde das Kind von Angst und Unsicherheit ist.

Die Leichtigkeit, mit der hier jedes gewünschte Gut erhältlich ist, steigt Neuankömmlingen manchmal zu Kopfe, und sie beginnen zu raffen und zu hamstern, wie sie es auf der Erde getan haben würden; für gewöhnlich ist das jedoch nur eine vorübergehende Phase. Handelt es sich dabei um ein tiefsitzendes charakterliches Problem, wird es die Menschen wahrscheinlich zu einer niedrigeren Ebene hinabziehen, auf welcher man derartige Angewohnheiten toleriert – in der Regel aber geht es dabei um eine kurzlebige Verrücktheit. Ich könnte langatmig über die Auswirkungen moralisieren, die uns die Beseitigung der Angst gebracht hat. Rückblickend ist es einfach zu erkennen, welch teuflische Rolle sie in den Belangen der Menschen spielt und daß sie die Wurzel allen Übels der verschiedensten Gattungen ist. Das wird klar demonstriert anhand ihrer Abwesenheit bei uns. Was haben wir zu fürchten? Der Tod ängstigt uns nicht länger; er ist ein diskreditiertes Schreckgespenst. Wir fürchten nicht länger mehr Hunger oder Durst; sie existieren nicht. Wir fürchten nicht länger mehr Kälte oder Hitze; unser Klima ist gleichmäßig angenehm, oder vielleicht könnte man exakterweise sagen, daß unsere Körper Temperaturveränderungen nicht registrieren. Nirgends gibt es unüberwindliche Hindernisse in bezug auf Entfernungen oder ähnliche Schwierigkeiten; wollen wir bis ans Ende der Welt gelangen, so liegt sie weit geöffnet vor uns, und unser eigenes Begehren führt uns sicher an jedes Ziel. Dieses Freisein von der Materie läßt keine Frustrationen zu, die wiederum Zorn und Bitterkeit schaffen, keine Furcht, die Feindseligkeit ausbrütet, kein «Haben», das Neid und Gier bei den «Nicht-Habenden» verursacht, und vor allem keinen Tod, den man fürchten muß als letztendliches Übel.

Der alten Mythe zufolge wurde Satan aus dem Himmel hinausgeworfen, jedoch mit der ausdrücklichen Erlaubnis, auf der Erde sein Unwesen weitertreiben zu dürfen. Die Mythe beleuchtet eine unbedingte Wahrheit. Hier ist kein Raum für ein böses Prinzip, und wir sind der Reichweite fast jeder Versuchung entzogen. Hier im reinen Sonnenlicht der Glückseligkeit reifen wir heran, während wir unsere Körper von ihren zersetzenden Krankheiten läutern; aber – wir sind nicht in der Lage, unserer Gestalt irgend etwas hinzuzufügen. Das muß während unserer Erdentage geleistet werden; alles, was wir hier tun können, besteht darin, das im Lebenskampf Gewonnene und Erreichte zu perfektionieren. Hier konsolidieren wir schlicht und einfach nur unsere irdischen Errungenschaften.

Alles das führt mir klar die Notwendigkeit des «Widersachers» in menschlichen Angelegenheiten vor Augen. Nur auf der Erde kann das wesenhafte Selbst wachsen, und zwar ausschließlich durch die irdischen Bedingungen von Druck und Anspannung. Viele Wunden werden geschlagen und erlitten, und das Erdenleben mag so erscheinen, als beinhalte es lediglich Fehlschläge, Erniedrigungen und Niederlagen. Und doch bilden diese nur einen recht geringen Tribut, den man für die daraus erwachsenden Gewinne an Seelenstärke zu entrichten hat. Hier werden die Wunden heilen, die Schwächen gestärkt und Trost gespendet für die Leiden der Erde, bis alle diese Verletzungen sich in nichts aufgelöst haben. Das «Jüngste Gericht» ist realistisch genug, hat aber nicht unbedingt nur etwas zu tun mit den Folgen von Sünde und Leid. Was gewogen wird, ist das Wachstum des geistigen Wesens, das durch die Erfahrungen auf der Erde gewonnen wurde. Daher kommen «Zöllner und Sünder» so häufig vor den «rechtschaffenen» Leuten in den Himmel. Viele feierliche irdische Urteilssprüche werden hier ins Gegenteil verkehrt oder gar verworfen, da sich die Wertmaßstäbe am Stand des wesenhaften

Seins orientieren und nicht das Verhalten eines Menschen in bestimmten Situationen beurteilen.

Nun möchte ich erklären, wie die unterschiedlichen Nationalitäten hier ihre Wohnstatt finden. Wie zu vermuten war, existieren bei uns Nachbildungen eines jeden Landes; die Menschen wenden sich der ihnen entsprechenden nationalen Heimat zu und folgen somit in natürlicher Weise dem Gesetz der Wesensverwandtschaft. Diese Repliken sind auf jeder Ebene zu finden; man sieht daran, daß die vertikale Schichtung unserer Gesellschaftsstruktur überall und auf allen Gebieten Gültigkeit hat. Somit wird jede Ebene von Menschen bewohnt, die jeweils ihre angestammte Nation repräsentieren, und gegenseitige Besuche in den verschiedenen Ländern einer Ebene sind für uns unproblematisch und alltäglich. Die Beziehungen zwischen den nationalen Gruppierungen sind freundschaftlicher Art, und es findet ein reger Reiseverkehr statt; oft wechselt man auch einfach seine Staatszugehörigkeit. Die dummen Sprachbarrieren entzweien uns nicht wie auf der Erde, denn wo Worte unzureichend sind, stehen uns andere Wege der Verständigung offen, so daß ernsthafte Mißverständnisse ausgeschlossen sind. Bezeichnenderweise findet auf den unteren Ebenen kein so lebhafter Verkehr der einzelnen Völker untereinander statt; es sieht so aus, als hege man dort kein großes Verlangen danach, nationale Grenzen zu überschreiten. Bei uns – und weit stärker noch in den höheren Sphären – verschwimmen die nationalen Unterschiede mehr und mehr und werden sich schließlich völlig in Wohlgefallen auflösen.

Interessante Variationen innerhalb unserer Gemeinschaft ergeben sich aus der bunten Mischung von Menschen der verschiedensten geschichtlichen Zeitalter, die auf jeder einzelnen Ebene vertreten ist. Menschen, deren irdische Existenzen um Jahrhunderte auseinanderliegen, leben hier in friedlicher Eintracht beisammen; das bedeutet, daß oftmals Generationen, in Erdenzeiten weit voneinander getrennt, bei uns gleichzeitig nebeneinander existieren. Ich kann beispielsweise mit meinem Großvater, Urgroßvater und so fort Umgang haben, bis weit zurück in der Reihe der Generationen, und trotzdem gehören wir alle einer Altersstufe an. Die Verschiedenheiten unserer Erlebnisse auf der Erde und in der Zeit geben Anlaß zu pikantem Erfahrungsaustausch und -vergleich, und das, was ich den «Aspekt lebendiger Geschichte» in unserer Gesellschaftsform nennen möchte, fesselt und begeistert den Historiker.

Unsere Gesellschaftsstruktur ist von daher sehr abwechslungsreich; sie ist horizontal geschichtet, wie gewohnt, aber auch vertikal entlang der Zeitenachse. Obgleich viele Menschen hier bereits Hunderte von Jahren leben, gerechnet nach dem Zeitmaß der Erde, haben sie den Verlauf der Zeit kaum jemals bewußt wahrgenommen, und so erhalten wir eine bunte Mixtur verschiedenster Sitten und Gebräuche aus vielen Zeitaltern und historischen Epochen. Auf diese Art besteht natürlich niemals die Gefahr von Langeweile wegen zu großer Gleichförmigkeit; die verwirrende Mannigfaltigkeit der Menschen, ihrer Umgangsformen und Standpunkte faszinieren ohne Ende. Während ich mit Mitchell zusammenlebte, waren die meisten meiner Bekannten verständlicherweise solche, die erst vor kurzem auf diesen Ebenen eingetroffen waren, und bei fast allen handelte es sich um meine eigenen Zeitgenossen oder um solche einer späteren Generation. Selbst die Universität wird überwiegend von Neuankömmlingen frequentiert; seit ich jedoch freien Zugang zu einem größeren gesellschaftlichen Kreis erhalten habe, entdecke ich die ungezählten Möglichkeiten, die sich durch den Kontakt mit Leuten früherer Zeitalter ergeben können.

Ich habe einen besonderen Freund, der im Mittelalter einer angestammten Familie von Rittern angehörte. Er beteiligte sich an den Kreuzzügen und verlor schließlich in Palästina sein Leben. Wir entdeckten viele Gemeinsamkeiten in unserem Wissensschatz über den Nahen Osten und unserer Liebe zu ihm. Einige Einblicke in die wahren Begleitumstände der Feldzüge in jenen Tagen, vermittelt durch seine Berichte, lieferten ein wundervolles Mittel zur Richtigstellung der beschönigenden Ritterromantik in den Geschichtsbüchern. Sein Wissen aus erster Hand verwies die üblichen Methoden der Geschichtsforschung in die Nähe ausgesprochenen Unfugs. Auch seine Sprache entzückt mich. Anfangs fiel es mir recht schwer, seinem seltsamen Mischmasch aus normannisch-französischen Sprachelementen zu folgen; jedoch – geht es mit Worten nicht mehr weiter, wird die Unterhaltung stets durch den Austausch unserer Gedanken fortgesetzt. Sein Interesse an moderner Kriegführung und aktuellen Waffentechniken ist so groß wie das meine für diejenigen der Vergangenheit, und so gestaltet sich unsere Bekanntschaft ungemein erbaulich. Er ist eine simple Seele, und sein Glaubensbekenntnis «Treulich kämpfen, königlich schmausen und möglichst wenig denken» hielt ihn lange Zeit auf den unteren Ebenen zurück, wo er seine Phantasien von Schlachten und Gelagen weiterspinnen konnte. Eine schrittweise, langsame Loslösung von diesen Illusionen befreite ihn endlich aus jenen Bereichen, und nun muß er lernen, sich in einer Welt zurechtzufinden, in der Kampf ein Anachronismus ist; oft macht sich seine rastlose Energie jedoch Luft, und er unternimmt lange Expeditionen in den Osten. Man stelle sich das vor: ein Besuch in der Wüste in Begleitung eines Kreuzritters in voller Rüstung! Wie die meisten Leute richtet auch er sich weiterhin in Kleidung und Ausrüstung nach der Mode seiner Zeit. Gar nicht mehr lange, und ich werde ihn bitten, ihn auf seinen wilden Streifzügen begleiten zu dürfen. Vielleicht kann ich ihn dazu bewegen, die ungezähmten, freien Menschen der Wüste genauso zu lieben, wie ich es tue.

Es ist offensichtlich, daß ich noch sehr viel zu erforschen habe unter denen, die hier und jetzt meine Zeitgenossen sind, nach dem Zeitmaß der Erde jedoch meine Vorfahren waren. Seit sich meine inneren Verwicklungen entwirrt haben, ist eine unübersehbare Verwandlung mit mir vorgegangen; das gesellige Beisammensein mit Menschen aller Arten ist nun mein größtes Vergnügen. Nur noch sehr selten fühle ich das Bedürfnis, allein zu sein. Meine Freunde auf der Erde würden mich verändert finden; gesegneterweise sehr viel gewöhnlicher, und – Gott sei Dank – frei von der verwünschten Legende, die so lange mein Gefängnis war.

Ich möchte nun auf ein Thema zu sprechen kommen, das etwas schwierig ist. Es mag gewissen Leuten so vorkommen, daß, sobald das Weiterleben nach dem Tode und der Zustand der Seligkeit, der teilweise der üblichen Vorstellung vom Himmel entspricht, gewährleistet sind, ein religiöser Glaube und dessen Ausübung entweder entfallen oder aber konsequent abgeändert werden müßten. Es ist wahr, daß wir weiter existieren, aber immer noch als menschliche Wesen, nicht als Engel, und bevor nicht unsere Geister engelhafte Wesensmerkmale annehmen, ist die Notwendigkeit eines religiösen Hintergrundes für das Leben der meisten Menschen wichtiger als jemals zuvor. Die naive Erwartung, nach dem Tode auf direktem Wege vor das Angesicht seines Schöpfers treten zu können, läßt die Unreife und Hilflosigkeit des menschlichen Geistes außer acht, und sollte eine solche Gegenüberstellung tatsächlich möglich sein, wäre es äußerst fraglich, ob irgendein Geschöpf dieses Zusammentreffen überleben könnte. Meine eigene Sicht der Situation ist begrenzt, und ich kann lediglich von meinen persönlichen Erfahrungen seit meiner Ankunft hier berichten, Erfahrungen, die nicht über den Wissensstand und die Ansichten der frühen Ebenen hinausreichen. Ich erwähnte bereits die Verschiedenartigkeit der Menschentypen, die hier zu finden sind; das harmonische Band, das sie zusammenhält, ist keineswegs eine Gleichschaltung des Charakters oder der Einstellung, sondern lediglich die Tatsache, eine bestimmte Stufe geistiger Entwicklung erreicht zu haben. Als Folge davon sind sie innerhalb einer bestimmten Atmosphäre dieser Ebenen zu Hause. Setzt man diese Vielfältigkeit an Einstellungen und Haltungen als gegeben voraus, ist zu erwarten, daß religiöse

Anschauungen hier ebenso differieren wie auf der Erde; genau das tun sie auch, und für jedes typische Gebaren ist hier vorgesorgt. Selbst der Agnostiker kann seine Position beibehalten, denn Transzendenz bleibt Transzendenz, und das Absolute ist immer das Große Unfaßbare.

Gewohnte religiöse Einstellungen werden natürlich tangiert und verändert durch unsere aktuellen Erfahrungen. Der Läuterungsprozeß, dem wir uns stellen müssen, befreit die Seele mehr und mehr von ihrer Zwangsjacke und treibt sie vorwärts auf dem Weg, der sie schließlich in die Vereinigung mit dem höchsten Gottesprinzip führen wird. Dogmatische Lehrsätze von Himmel und Hölle können durch erlebbare Tatsachen glücklicherweise korrigiert werden; die Freiheit von den beengenden Doktrinen ewiger Verdammnis, der Erbsünde und Prädestination ist eine wundervolle Erleichterung für alle jene, die ihr Leben unter derartigen, von Menschen erdachten Schattenbildern fristen mußten. Was die mehr philosophisch Ausgerichteten angeht, so denke ich, daß ihre großartige Entdeckung darin besteht, daß die gesamte Schöpfung sich gründet auf ewiger Gerechtigkeit und jegliche Philosophie mit einer materialistischen Basis unhaltbar ist. Sie muß als kindische und vorsätzliche Ignoranz betrachtet werden, die hier nicht länger geduldet werden kann.

Immaterielle und unbeachtete Aspekte unserer Erdenkörper werden hier zu solider Materie gestaltet, und sogar dieser Stoff ist dazu bestimmt, sich bis zur völligen immateriellen Existenz hin zu wandeln. Im Hinblick darauf muß uns das Studium unserer gegenwärtigen Bedingungen und Erfahrungen zu einer Neuorientierung, einem Umdenkprozeß in der Beurteilung des wahrhaft Bestehenden gegen die Vergänglichkeit führen, und wir müssen anerkennen, daß immer der immaterielle Aspekt der wahrhaftige und beständige ist, der stoffliche dagegen der Vergänglichkeit anheimfallen muß.

Wir wissen, daß unser Aufenthalt auf jeder Ebene hier vorübergehender Natur ist und, wie immer auch unsere Einschätzung der Zeit im Vergleich zum irdischen Kalender aussieht – diese Vorstellung des Fortschreitens von Sphäre zu Sphäre, wie es unsere individuelle Entwicklung gerechtfertigt erscheinen läßt, gehört bei uns zum Allgemeinwissen. Hier ist natürlich viel Raum für endlose Spekulationen und unterschiedliche Ansichten darüber, was das letztendliche Ziel alles Bestehenden angeht. Vieles der Gedankenwelten höherer Sphären steht denjenigen offen, die es nach diesem Wissen verlangt; hier gibt es jedoch auch viele Menschen, die sich einfach nur zufrieden der Freude über die leichte Befriedigung ihrer Bedürfnisse und ihr sorgenfreies Leben hingeben wollen, ohne sich viele Gedanken über eine Weiterentwicklung des Geistes zu machen. Im großen und ganzen gehe ich davon aus, daß diejenigen sich am meisten mit der großen Reise beschäftigen, die den weitesten Weg vor sich haben. Wie ich früher schon einmal erwähnte, verwenden zahlreiche Studenten an der Universität viel gedankenschwere Zeit für Studien über den Fortschritt des menschlichen Geistes, seinen Aufstieg in die Sphären und seine wahrscheinliche Rückkehr zur Erde, sobald die Läuterung abgeschlossen ist.

Es gibt aber – wie schon gesagt – eine ungeheure Vielzahl anständiger, wohlmeinender Leute, die es ganz zufrieden sind, derartige Probleme ihren Pastoren und Lehrern zu überlassen, und für sie ist eine Art wohlgeordneten kirchlichen Lebens hilfreich und sogar notwendig.

Alles das beobachte ich mit großem Interesse. Meine eigene Position wird beeinflußt von zwei Faktoren: von der reinen Logik des Weiterlebens nach dem Tode und der Lebensbedingungen, wie ich sie jetzt und hier kennengelernt habe und denen, die ich in den folgenden Daseinsebenen vermute; und durch meine Forschungsreisen in die Vorstellungswelten und Gedanken jener, die bereits in höheren Sphären leben.

Zumindest ist mein Pessimismus tot, und keinerlei negative Einstellung kann mehr gegen die gesicherten Tatsachen auftreten. Was immer auch die chaotischen Gedanken der Erde anrichten – wir hier erhalten schließlich die Garantie dafür, lebendiges Vertrauen in die Liebe und ewige Gerechtigkeit des Absoluten erfahren und leben zu dürfen. Das Absolute – das ist ein Begriff, den ich in Ermangelung eines geeigneteren gebrauche. Ich weiß nichts darüber, ob es irgendwo weniger göttliche Wesen, minder fortgeschrittene Geister gibt, deren Rechtsempfinden einem begrenzteren Gesichtskreis unterworfen ist; aber wie dem auch sei: Ich bin fest davon überzeugt, daß Basis und Grundlage allen Seins schließlich und letztlich in dem Einen Unaussprechlichen und Ewigen Geist liegen müssen.

Kapitel 10
Die neue Vision

Durch dieses gesamte Journal ziehen sich Hinweise auf die einschneidenden Unterschiede, die sich hier in bezug auf die Art und Weise entwickeln, in der wir externe Realitäten wahrnehmen, aber meine Schwierigkeiten bei ihrer exakten Beschreibung und Definition sind groß, da mir kein vergleichbarer Maßstab zur Verfügung steht, auf den ich mich berufen könnte. Ich glaube, irdische Weisheit hat es noch nicht sehr weit mit der Analyse des Prozesses gebracht, durch welchen Wissen erlangt werden kann. Ich vermute, hätte man mich dort unten danach gefragt, ich hätte mich wie ein Anfänger um eine plausible Antwort bemüht und erklärt, Wissen entstehe durch Wahrnehmung – Sehen, Hören und Fühlen –, und der Intellekt stelle dieses wahrgenommene Material zu einem vernunftgemäßen Entwurf der Dinge zusammen. Ohne Zweifel würden viele gelehrte philosophische Bücher benötigt, um eine adäquate

Schilderung dieses Vorganges abzugeben; da jedoch alle Erdenbewohner diese Tatbestände innerhalb ihres täglichen Erfahrungsbereiches als gegeben hinnehmen, können wir es getrost dabei belassen. Was auch immer für die Erde gelten mag – als ich hierherkam, fand ich bald genug heraus, daß meine Auffassungen und Ansichten über die Dinge des Lebens sehr verschieden waren von den hier gültigen Wahrheiten.

Wegen des mangelhaften Entwicklungsstandes unserer körperlichen Sinne ist die Wahrnehmungsfähigkeit in der ersten Zeit hier ausgesprochen unzulänglich. Es steht also zu erwarten, daß diese Welt fürs erste in einer verschwommenen, traumhaften Qualität erscheint. Sobald sich aber die Bedingungen klären, stellt man fest, daß die Art der Wahrnehmung eine andere ist als die auf der Erde. Man darf nicht vergessen, daß der neue Körper gänzlich emotionaler Natur ist und von daher seine neugewonnenen Fähigkeiten auf Emotionen beruhen. Die Gesamtheit der Reaktionen auf alles Gehörte oder Gesehene – das geschärfte Bewußtsein, der raschere Widerhall auf jeden Reiz – bezieht das gesamte emotionale Wesen mit ein. Sehe ich zum Beispiel einen Strauch oder einen Baum, kann ich ihn nicht einfach nur unter visuellen Gesichtspunkten wahrnehmen; ich muß mit einer gefühlsbetonten Reaktion auf diesen Gegenstand rechnen. Ich finde ihn schön, ich schätze ihn, oder ich liebe ihn sogar, oder – falls ich mich noch nicht jenseits aller negativen Lebensäußerungen befinde – mag ich ihn ablehnen oder sogar hassen; in jedem Falle aber wird eine starke gefühlsmäßige Reaktion erfolgen. Gleiches geschieht bei der Begegnung mit

Menschen. Sie wecken den stärksten denkbaren Widerhall. Eine kühle, distanzierte, mehr intellektuelle Reaktion gegenüber Menschen und Dingen ist praktisch unmöglich, so lange wir in diesen Emotionalkörpern stecken. Wir sehen, hören und begreifen mit unseren Gefühlen, und dieses verleiht allen Eindrücken eine schneidende, persönlichere Schärfe. Es ist richtig zu sagen, daß die meisten von uns auf dieser Ebene frei werden von emotionalen Mängeln, so daß wir eine verblüffende Vielfalt schöner Formen und Farben präsentieren; daher ist die übliche Reaktion aufeinander die der Wertschätzung und Liebe. Ich denke, das, was unseren normalen Umgangsformen am nächsten kommt, ist die spontane Äußerung des Staunens, der Freude, beinahe die der Andacht, wie sie auf der Erde empfunden werden kann, wenn man etwas gänzlich Unschuldiges und Schönes betrachtet, das die Gefühle anrührt. Das ist die Vision der Dichter, der Künstler und vielleicht auch der Mystiker. In einem solchen Fall wird die Wahrnehmung nicht vom Verstand gesteuert, der ein kaltes, logisches Instrument ist, sondern greift direkt auf die Gefühlswelt über. Unser Bezug zur Welt kann dann nicht länger mehr ein kühler, unpersönlicher sein.

Ich wünschte, ich könnte etwas von der flammengleichen Klarheit unseres Denkprozesses hier vermitteln. Dem emotionalen Erfassen eines Eindrucks folgt das sofortige Verstehen der wesenhaften Zusammenhänge des Objektes, und das weitere Nachdenken darüber ist ein wundervoller Prozeß, ein Sichhineinwinden, tiefer und tiefer hinein in die Bedeutung des innersten Kernes des Objektes selbst und in die Beziehungen zu seinem Umfeld. Ich kann nicht beschreiben, wie langatmig, formal und abgestorben uns eure Art des Denkens erscheint. Blitzartig absolvieren wir die ganze Gedankenreise bis hin zur endgültigen Schlußfolgerung, die zu erreichen euch Stunden mühevollen Nachdenkens kosten würde und von euch nur auf äußerst oberflächliche Weise erbracht werden kann, da das, was euch beim Urteilen fehlt, das kostbare Element des innewohnenden Sinnes ist – die tiefe Bedeutung. Sie ist uns in einem Maße wichtig, das sich in Worten nicht vermitteln läßt. Wordsworth erahnte unsere Weise des Schauens, als er sagte, daß die unscheinbarste Blüte ihm Gedanken einzugeben vermag, die zu tief seien für Tränen; mit anderen Worten, die Wahrnehmung ist direkt spürbar über die emotionale Reaktion. Es ist diese unsere Fähigkeit, in die Untiefen des Reichtums an Sinnerfülltheit hinabtauchen zu können, der allem innewohnt. Daher erscheint das irdische Leben im Rückblick als eine niedrige, armselige Angelegenheit. Wenn du dir deine beglückendsten Augenblicke vergegenwärtigst – allesamt zu flüchtig und selten vertreten in den Erfahrungen, die die Erde uns bieten kann – und dir vorstellst, daß dies hier das normale, übliche Maß an Lebensqualität bedeutet, dann hast du einen schwachen Begriff davon, was die Zukunft für dich bereithält. Es ist selbstverständlich, daß die Fähigkeit zu wissen, zu fühlen und zu begreifen auf dieser Stufe der Intensität nur schrittweise erlangt werden kann und daß die Qual unerträglich wäre, würde diese Stufe erreicht, bevor der Reinigungsprozeß nicht wenigstens seinen Anfang genommen hätte. Selbst unser Maßstab für die Intensität unserer Wahrnehmungen ist kümmerlich gegenüber dem der höheren Sphären. Ich vermute, wolltest du es in pseudo-wissenschaftlichen Begriffen ausdrücken, würdest du es ungefähr als Welten über der Welt bezeichnen, jede ausgestattet mit einem höheren System von Schwingungen und Vibrationen als ihre Vorgänger, aber das sagt im Grunde sehr wenig aus.

Ich möchte es gerne in Termini des aktuellen Lebens kleiden, und das ist nicht einfach. Vielleicht ist der Versuch überflüssig, da jedermann früher oder später eigene Erfahrungen damit machen wird. Aber sollte dieses Tagebuch eine besondere Botschaft enthalten, so ist es der Versuch, etwas über die Qualität unseres Lebens zu vermitteln, über seine Freude, Schönheit und Fülle jenseits jedes menschlichen Vorstellungsvermögens. Es ist auch als eine Mahnung gedacht, denn was immer auch ein Mensch auf der Erde sät, hier wird er es gänzlich ernten müssen.

Die Hölle existiert, wie sie es immer schon getan hat, in den Gefühlen und Gedanken der Menschen, und sie kann zweifellos mit hierhergebracht werden. Eine Läuterung muß es geben, weil niemand von uns hier in vollkommener Gestalt erscheint, und der weise Mensch wird hier und jetzt mit der Arbeit beginnen, sich prüfen und kennenlernen und damit anfangen, jene Irrtümer, Falschheiten und Schwächen zu korrigieren, die er in seiner Seele verborgen hält. Der Tod wird ihn in eine Welt hineinschleudern, in der sein emotionales Wesen, gesund oder von Krankheit gezeichnet, die physische Ausstattung sein wird, mit welcher er den Start in ein neues Leben wagen muß. Wir alle müssen uns unseren

Himmel verdienen, und jeder Schritt auf dem Wege zur letztendlichen Seligkeit im reinsten Wesen muß durch Mühen und Anstrengungen bezahlt werden.

Dennoch hätte dieser Bericht keinen Sinn gehabt, zeigte er nicht die Größe des Lohnes auf und die Herrlichkeit des grandiosen Abenteuers des Lebens und Sterbens.

Spirituelle Lebenshilfe aus dem Reich des Lichts und der Liebe

Sanaya Roman
SICH DEM LEBEN ÖFFNEN
Schritte zu persönlichem Wachstum und geistiger Kraft
Mit praktischen Übungsanleitungen
240 Seiten, broschiert
ISBN 3-7157-0098-X

Sanaya Roman nennt die Quelle ihrer Inspiration «Orin». Es ist ein spiritueller Lehrer aus einer höheren Welt. Er steht mit unzähligen Realitätsebenen und «Welten» in Verbindung, und überall, wo er seine Lehre aus dem Reich des Lichtes und der Liebe verkündet, wird das evolutionäre Wachstum im spirituellen Sinne beschleunigt. Seine an uns gerichteten Worte sind reine Kraft, vermögen das Herz zu öffnen und besitzen in allen bekannten Universen Gültigkeit.

Orin lädt uns ein, mit ihm die Reiche des Lichts und der Liebe zu bereisen, von denen wir selbst – als wunderbare Wesen des Lichts – stammen; nur haben wir uns in den dichteren Energien der Erde verfangen. Es gilt, die irdische Welt zu erleben, uns zu entwickeln, heranzuwachsen und zu lernen, wie wir unser Licht der Seele in der Welt der Materie ausdrücken können. Mit Hilfe der Ideen dieses Buches versucht Orin, uns zu den feinstofflichen Bereichen zurückzugeleiten, die wir von Natur aus anstreben.

Orin hat von Anfang an eindeutig erklärt, daß er hier ist, um die Heiler zu heilen und die Lehrer zu lehren. Er zieht all jene an, die an der Spitze einer neuen Bewegung stehen wollen, die immer mehr Menschen ihrem Höheren Selbst öffnen wird. Jene, die den Pfad des Lichts und der Freude beschreiten wollen, lädt er ein, sich beim Lesen dieses Buches mit seiner Essenz zu verbinden und die Gemeinschaft all derer zu fühlen, die dieses Wissen teilen.

Orins spirituelle Lebensschulung vermittelt dem Leser eine neue und wesentlich erweiterte Sicht seines Lebens und seiner Aufgabe in dieser Welt. Praktische und anregende Übungsanleitungen machen die emotionellen, seelischen und energetischen Blockaden transparent. Sie helfen und ermutigen, diese neue Sichtweise zu entwickeln und praktisch anzuwenden. Sie machen frei und offen für das großartige Geschenk, was wir «Leben» nennen.

Die «Welt ist mehr» – als was der Mensch mit seinen fünf Sinnen wahrnimmt

Sanaya Roman
SICH DEN HÖHEREN ENERGIEN ÖFFNEN
Die unsichtbaren Kräfte des Universums nutzen
Mit praktischen Übungsanleitungen
240 Seiten, Paperback, mit vielen Übungsbogen
ISBN 3-7157-0113-7

Dies ist der bereits von vielen begeisterten Lesern erwartete Anschlußband einer bis jetzt beispiellos neuen, geistigen Lebensschulung von Orin, einem Lehrer aus der höheren Welt. Er steht mit unzähligen Realitäts- und Zeitebenen in Verbindung. Überall, wo er seine Lehre aus dem Reiche des Lichts und der Liebe verkündet, wird das evolutionäre Wachstum im spirituellen Sinne beschleunigt.

Orin vermittelte im ersten Band «Sich dem Leben öffnen» eine neue und wesentlich erweiterte Sicht des Lebens und der Aufgabe auf diesem Planeten. In diesem zweiten Band wendet er sich höheren Lebensbereichen zu. Er lädt die Studierenden ein zur praktischen Erforschung und Nutzbarmachung der Welt der Energien und der energetischen Wahrnehmung. Er eröffnet ihnen eine neue Welt von bisher unbekannten Fähigkeiten und läßt sie erfahren, daß die «Welt» mehr ist, als was der Mensch mit seinen fünf Sinnen wahrnimmt.

Orin lehrt und leitet anschaulich an, wie man feinstoffliche Kräfte erspürt und wie man mit ihnen zum Segen von Mensch und Umwelt arbeitet, wie man seine intuitiven und telepathischen Fähigkeiten erweckt und wie man seine Heilbegabung fördern kann. Hinzu kommen noch unbekannte Übungen für die spirituelle Weiterentwicklung und zur Erlangung eines höheren Bewußtseins.

Orins Buch wird für jeden Suchenden zu einem unentbehrlichen und freundschaftlichen Lebensbegleiter. Es verhilft ihm zu einem Alltag voll Freude, Kreativität und innerer Erfüllung. Er wird sich der hohen geistigen Führung durch Orin immer mehr bewußt und spürt immer mehr, daß er alles schon in sich trägt, um seine eigenen Antworten zu finden.

Erlebnisse und Begegnungen in unbekannten Jenseitswelten

Herbert H. G. Engel
DER SPHÄRENWANDERER
Reisen, Begegnungen und Offenbarungen in anderen Dimensionen
256 Seiten, mit 3 Zeichnungen, Studienausgabe broschiert
ISBN 3-7157-0047-5

Dies ist der wahre Lebensbericht eines Suchers nach Weltenerkenntnis. Er wurde vom Verfasser ursprünglich als ein spirituelles Testament für seine Kinder und Enkel geschrieben. Herbert Engel beschreibt im 1. Teil des Buches seine Erfahrungen und Erlebnisse während seiner Jenseitswanderungen. Die anschaulichen Schilderungen der Reisen und der dabei gefühlten tiefen Empfindungen gehen dem Leser sehr nahe.

Kurz nach Ende des 2. Weltkrieges wurde Engel als einem einsam heimkehrenden Soldaten – weitab von den Trümmerstätten von 1945 – die große Vision zuteil. Seine quälenden Fragen nach Erden- und Menschenschicksal wurden mit einem Schlag beantwortet. In der Folge konnte Herbert Engel wunderbare und hochinteressante Erkenntnisse sammeln über das Leben jenseits des Todes.

Er wurde meist zu nachtschlafender Zeit bei vollem und klaren Bewußtsein aus seinem Körper geholt. Von erhabenen Botschaftern aus höheren Welten wurde er durch alle Schattierungen jenseitiger Sphären geleitet, erhielt Belehrungen und begegnete dabei unzähligen bekannten und unbekannten Jenseitsbewohnern. Dort erfuhr er alles über das neue Leben der Abgeschiedenen: ihre unermüdliche Arbeit zur geistigen Vervollkommnung, ihren Aufstieg in die höheren Welten der Reinigung und Vorbereitung, sowie ihre spätere Reinkarnation in unsere Erdenwelt.

Engels lebensnahe Schilderungen der Jenseitsbereiche und ihrer Bewohner, die unglaublich präzis beschriebenen Landschaften, sowie die meist überraschenden Wendungen im Astralgeschehen machen seinen oft erschütternden Bericht zu einem großen Vermächtnis echten Wissens.

Im zweiten Teil des Buches bringt Engel Aufzeichnungen von bisher ungeahnten Offenbarungen und Belehrungen, die er bei seinen Wanderungen durch die Jenseitswelten von seinen Geistführern erhielt. Zwei Führer aus den universellen Sphären des Lichtes und der Liebe lassen ihn – und damit auch uns! – an den großen Geheimnissen des kosmischen Wirkens teilhaben.

Das Buch eines Erwachten –
ein Zeugnis der Selbsterfahrung in neuen Erlebnisdimensionen

Werner Zurfluh
QUELLEN DER NACHT
Neue Dimensionen der Selbsterfahrung
432 Seiten, Leinen
ISBN 3-7157-0057-2

Werner Zurfluh's Weg geht über den ‹kleinen Bruder des Todes›, den Schlaf. Er zeigt auf, wie man zuerst mit einer richtigen Traumarbeit die Voraussetzungen für luzide (klarbewußte) Träume und Reisen außerhalb des Körpers schafft. Die Außerkörperlichkeit ist ein Zustand, in dem zwar der Körper schläft, aber nicht das Bewußtsein. Dieses ist dabei hellwach und hat alle Fähigkeiten des Denkens und Fühlens wie im Alltag, hat aber überdies die Möglichkeit, sich nach Belieben und augenblicklich überallhin in Raum und Zeit zu bewegen.

An Dutzenden von präzis geschilderten Beispielen erläutert er das bewußte Austreten aus dem physischen Körper und schildert in genauen Beobachtungen die Begleitphänomene des Austritts. Die Technik der Zustands- und Bewußtseinskontrolle wird beschrieben und liefert dabei reichhaltiges Arbeitsmaterial für Theorie und Praxis.

Zurfluh's Konzept der Außerkörperlichkeit zeigt deren innere Verwandtschaft zu schamanischen Reisen, Ekstasen und todesnahen Erfahrungen. Das Buch steht ganz in der Tradition der Totenbücher der verschiedenen Kulturen, reiht sich ein in die östliche Tradition, weil es uns westlichen Menschen wieder ein sehr bedeutendes Forschungsfeld eröffnet und zugänglich macht – eine geheime Disziplin, die im tibetischen Buddhismus zum höchsten Yoga-Tantra gerechnet wird. Eine so verstandene Außerkörperlichkeit ist nie symbolisch; sie existiert, ist erfahrbar und eröffnet außerdem ungeahnte und absolut neue Erlebnismöglichkeiten, die aber in den Überlieferungen vieler Kulturen bekannt sind.

Traumerfahrung und Alltagserfahrung dürfen nicht getrennt werden. Die enge Wechselwirkung mit der Tagesrealität macht die Traumarbeit zu einem wichtigen Bereich der Arbeit an sich selbst. Schließlich durchdringen sich beide Wirklichkeiten immer mehr, nähren und beleuchten einander, die eine erweist sich als der anderen Hintergrund, bis die Erkenntnis in der Mitte steht, daß in beiden dieselben Gesetze gelten und daß das *eine* wichtig ist: die Wachheit, die Bewußtseinskontinuität. In diesem Sinne ist der Autor ein Erkenntnistheoretiker, der aber die Sprache des Herzens spricht.